Ayuda para el alma hambrienta

Ayuda para el alma hambrienta

Palabras de ánimo para aumentar tu apetito por la Palabra de Dios

Kristen Wetherell

Tyndale House Publishers
Carol Stream, Illinois, EE. UU.

Visita Tyndale en Internet: TyndaleEspañol.com y BibliaNTV.com.

Tyndale y el logotipo de la pluma son marcas registradas de Tyndale House Ministries.

Ayuda para el alma hambrienta: Palabras de ánimo para aumentar tu apetito por la Palabra de Dios

Originalmente publicado en inglés en el 2023 como *Help for the Hungry Soul: Eight Encouragements to Grow Your Appetite for God's Word* por Crossway con ISBN 978-1-4335-8861-7.

Diseño de la portada provisto por la autora y usado con permiso.

Fotografía del libro abierto en la portada © Roberts Rob/iStockphoto. Todos los derechos reservados.

Diseño: Crystal Courtney

Traducción al español: Deborah Young para AdrianaPowellTraducciones

Edición en español: María Sol Romera para AdrianaPowellTraducciones

Todo énfasis en las Escrituras ha sido agregado por la autora.

Para información acerca de descuentos especiales para compras al por mayor, por favor contacte a Tyndale House Publishers a través de espanol@tyndale.com.

ISBN 979-8-4005-1074-8

Impreso en Estados Unidos de América
Printed in the United States of America

31 30 29 28 27 26 25
7 6 5 4 3 2 1

A todos los santos en Cristo Jesús que están en The Orchard,
quienes confían, proclaman, predican, enseñan, estudian, leen,
aman y tienen hambre por la Palabra de Dios:
que echen raíces más profundas, que sus vidas sean más ricas
y que tengan más fruto.

Doy gracias a mi Dios cada vez que me
acuerdo de ustedes (Filipenses 1:3).

Contenido

Abre bien la boca, y te la llenaré.

SALMO 81:10

Prólogo

AL PARECER, CUANDO YO ERA BEBÉ era muy delicada para comer. Mi pediatra insinuó que mi madre no se estaba esforzando lo suficiente para que su hija de dieciocho meses comiera; mamá se sintió angustiada y se propuso lograr que yo comiera más. «Vamos querida, ¡abre un poco más la boca! Esto sabe riquísimo. Pruébalo: ¡te encantará!». Pero ¿alguna vez has intentado que una beba quisquillosa abra su boca y coma lo que tú sabes que ella necesita? Es casi imposible abrir unas pequeñas mandíbulas que están cerradas con firmeza en caprichosa protesta. Incluso si pudieras empujar forzando hacia adentro un pequeño bocado nutritivo, ¿cómo harías para que lo tragara?

Por fortuna, ya no soy tan delicada para comer. Me encanta toda clase de comida y, aunque no lo creas, hasta estoy dispuesta a probar comidas nuevas. De hecho, hasta he aprendido a disfrutar del venado y del alce con los que mi querido Ray llena el congelador cada otoño. ¡Es una ventaja tener buen apetito!

En *Ayuda para el alma hambrienta*, Kristen Wetherell nos muestra cómo Dios utiliza nuestra hambre física natural para enseñarnos acerca de nuestra hambre sobrenatural por él. Así como podemos hacer morir de inanición el cuerpo, podemos hacer morir de inanición el alma. Y si rechazamos su alimento para el alma, él no nos obligará a comer. Esto en realidad asusta. Después de todo, ¿quién tiene un apetito espiritual que se mantenga siempre fuerte semana tras semana, mes tras mes? Necesitamos ayuda.

Kristen nos ayuda a ver que Dios mismo despierta, sostiene y satisface nuestra hambre más profunda. Me encantan sus capítulos breves y claros que contienen historias cautivadoras de almas hambrientas que participan de un banquete en la mesa del Rey. Nos muestra cuán ansioso está nuestro Padre celestial por saciar el hambre de nuestra alma. «[él] sacia con lo mejor al hambriento» (Salmo 107:9). Mi aprecio por la Palabra de Dios se ha renovado a medida que Kristen me ayudó a enamorarme más profundamente de Cristo mismo, la Palabra viviente.

Por eso estoy agradecida por este libro. Kristen entiende lo maravilloso que es pasar de estar desanimada a tener esperanza, de estar aburrida a estar encantada, de ser quisquillosa a ser apasionada. Ella le llama a esta maravilla el *milagro* de amar la Palabra de Dios. Además, nos guía sobre *cómo* traer nuestro corazón caprichoso ante nuestro Rey bondadoso para que él obre ese milagro en nosotros.

Ayuda para el alma hambrienta es una invitación persuasiva para cada uno de nosotros a desacelerar y deleitarnos en el pan de vida (Juan 6:48). Espero que aceptes esta invitación a «abrir bien tu boca» y dejar que él la llene. Te alegrarás de haberlo hecho. Ahora, ¡que comience el banquete!

Jani Ortlund

RENEWAL MINISTRIES (MINISTERIOS DE RENOVACIÓN)

¿Por qué gastan dinero en lo que no es pan
y su salario en lo que no satisface?
Escúchenme bien: comerán lo que es bueno
y se deleitarán con manjares deliciosos.

ISAÍAS 55:2

—Yo soy el pan de vida —declaró Jesús—.
El que a mí viene nunca pasará hambre
y el que en mí cree nunca más volverá a tener sed.

JUAN 6:35

Nada nos puede dar más hambre por las
Escrituras que las Escrituras mismas.

DONALD S. WHITNEY
Ten Questions to Diagnose Your Spiritual health
(DIEZ PREGUNTAS PARA DIAGNOSTICAR TU SALUD ESPIRITUAL)

Introducción

Hambre de escuchar a Dios

ESCRIBÍ ESTE LIBRO porque tengo hambre y sé que no estoy sola.

Mira alrededor tuyo. Debajo de los clamores digitales por atraer la atención, hay hambre. Tras la persistente sensación de que no soy lo suficiente, hay hambre. Junto al anhelo por más, hay hambre.

Hay hambre por todas partes. Está dentro de ti y también dentro de mí.

Tú lo sabes. Es ese deseo insaciable por más que ni la mejor promoción ni el mayor honor pueden frenar. Es esa sensación inquietante de que no está todo bien en este mundo, aún luego del mejor y más resplandeciente día; y que hay más para disfrutar y más descanso para encontrar. Es la queja del descontento que nos hace saltar de una cosa a otra mientras pensamos: *Debe haber más en la vida que esto*.

Pero nos conformamos con menos.

Me pregunto cuántos de nosotros sabemos lo que es alimentar estos retorcijones de hambre, el llanto del alma, con comida que, en definitiva, no nos satisface ni nos nutre. Por eso escribí este libro: un libro acerca de la comida.

Bueno, algo así.

Ayuda para el alma hambrienta es, en definitiva, un libro acerca de tu alma, y es la comida que tu alma necesita para vivir.

Nacidos para tener hambre

Nací con hambre. Tú también.

Piénsalo: ¿cuál es el propósito del apetito? Si no tuviéramos apetito no conoceríamos el placer de comer alimentos. El apetito es beneficioso, nos lleva a buscar lo que necesitamos para sobrevivir y prosperar. Es la forma en que nuestro cuerpo nos pide ayuda, es un sistema de alarma dado por Dios para que florezcamos.

Una persona que tiene el apetito alterado (o que no tiene apetito) es una persona cuyo cuerpo no está sano.

Lo mismo sucede con tu alma. ¿Has pensado que ella también fue creada con un apetito? Fuiste creado para desear y tener hambre de tu Creador eterno (Génesis 1:26-27; Eclesiastés 3:11; Isaías 55:6-7; Miqueas 6:8; Juan 15:5). El hombre y la mujer (tú y yo) fuimos creados para reflejar al Dios cuya existencia no tiene fin. El Creador exhaló el soplo de vida —la vida misma *de Dios*— dentro de la nariz de Adán y plantó a su lado el árbol de vida en el jardín (Génesis 2:7-9). Siempre ha sido un deleite para Dios compartir con nosotros su vida.

Nuestra alma fue hecha para vivir por la eternidad y para deleitarnos siempre en su bondad.

Entonces, en un momento de gran oportunidad, ¿qué utilizó la serpiente para tentar a Eva a que desobedeciera? Usó el apetito, el *hambre*.

Dios les había dado a Adán y a Eva la libertad de comer de todo árbol del jardín, excepto uno (Génesis 2:9, 16-17). *Solo uno*. Todos los demás árboles los sustentarían, pero el árbol que era malo los destruiría en cuerpo y alma. El enemigo usó un instinto familiar —un instinto bueno dado por Dios— para engañar y matar. Nuestros primeros padres comieron y nunca volverían a ser los mismos; como tampoco nosotros lo seríamos.

La Palabra que en el principio les había dado hambre de Dios, que los había creado para que vivieran con él para siempre, había pronunciado palabras claras para que Adán y Eva vivieran basados en ellas. Pero ellos eligieron palabras diferentes y escucharon una voz distinta (Génesis 3:11, 17). Se alimentaron con mentiras, y murieron.

Cuerpo y alma murieron en su pecado.

Ahora, gracias a Adán y a Eva, nuestros apetitos se han vuelto terriblemente malos. Seguimos con tanta hambre como siempre pero por las cosas equivocadas. Y entonces, desde el jardín y, a través de las generaciones, hemos tratado con el hambre de nuestra alma en formas muy variadas y creativas pero infructuosas. Aun así, la forma en que Dios trató esto ha sido bastante simple y directa.

Él ha hablado. «No solo de pan vive el hombre, sino de toda palabra que sale de la boca de Dios» (Mateo 4:4; ver Deuteronomio 8:3).

Muchas personas tienen «hambre»

Este es un libro acerca de la Palabra de Dios, pero no es un libro sobre *cómo hacer* las cosas. Hay muchos libros excelentes acerca de lectura bíblica y métodos de estudio. Aquí escribo acerca del *por qué*; el motivo detrás de la acción de abrir nuestras Biblias. Quiero ayudar a la persona que se siente estancada y derrotada.

Entonces, sí: este es un libro sobre comida pero de una categoría diferente. Es acerca de la nutrición vivificante que Dios ha provisto, en su gracia, para su pueblo hambriento y famélico a lo largo de los siglos: su Palabra. Estoy orando que *Ayuda para el alma hambrienta* te atraiga de nuevo a deleitarte con comida verdadera, con las palabras vivas del Dios viviente, quien es el único que puede sostener y satisfacer tu hambre eterna consigo mismo.

Ahora bien, tal vez estés pensando: *Eso es genial, Kristen. La lectura bíblica quizás te resulte fácil a ti, pero es difícil para mí. Sé que debo hacerlo, pero tengo poco deseo de hacerlo. Nunca estaré al nivel de otros cristianos, que es donde debería estar.*

En verdad, mi corazón está en una posición similar al tuyo. Justo cuando pensé que estaría escribiendo este libro desde un lugar de relativa fortaleza, fui confrontada con la realidad de mi debilidad. Volví a tomar consciencia de mi necesidad de la gracia. Recordé que todos nosotros dependemos del Señor para que nos dé más hambre por él.

Si piensas que eres la única persona que no quiere leer la Biblia, piensa de otra forma. Un artículo reciente acerca de hábitos de lectura bíblica en los Estados Unidos de América dice: «Relativamente pocos estadounidenses —incluyendo a los cristianos— leen la Biblia con frecuencia». Solo uno de cada seis adultos lee la Biblia la mayoría de los días de la semana[1].

Este descubrimiento confirma lo que he escuchado de parte de muchas personas en el último año. A través de encuestas a varios grupos, hablando con amigos, líderes de iglesia y pastores, la palabra más común que se utiliza para describir el apetito de las personas por la Palabra de Dios es *hambriento*. Pero esto se ve de diferentes formas en diferentes contextos. Algunos han dicho que su hambre es un deseo profundo y cada vez mayor por las Escrituras (alabado sea Dios por esto), mientras que muchos otros han utilizado la palabra *hambre* para describir un languidecer o anhelo del alma.

Las personas tienen hambre... pero no suficiente hambre como para comprometerse.

Las personas tienen hambre... pero no están seguras qué hacer al respecto.

Las personas tienen hambre... pero de cosas distintas a la Palabra de Dios.

Avivamiento y reorientación

¿Cómo describirías tu apetito actual por la Palabra de Dios? Tal vez hayan pasado años en los que no abriste una Biblia, o quizás nunca la leíste. Quizás tienes un encuentro regular con las Escrituras, pero tu corazón no siente entusiasmo por ellas, y te has desanimado. A lo mejor, la lectura bíblica te parece más un «debo hacerlo» y no un «quiero hacerlo» y estás convencido de que no podrías sentir de otra manera. O puede ser que el deseo esté ahí, pero luchas por llegar a la acción.

Me parece que la iglesia necesita un reavivamiento del hambre por las palabras vivas del Dios vivo, una respuesta convincente a la pregunta: *¿Cómo puedo amar las Escrituras de nuevo?* y también una reorientación acerca de lo que en verdad significa involucrarse con la Palabra de Dios por parte de personas hambrientas que tienen una vida muy ocupada.

Necesitamos un despertar y un sosiego.

Como veremos más adelante, despertar el corazón humano no se hace con una fórmula, sino que es un regalo sobrenatural[2]. En otras palabras, el alimento espiritual correcto no necesariamente *equivale* al apetito espiritual. Una persona puede sentirse atraída por las palabras de Dios al leerlas o escucharlas pero permanecer endurecida, lo cual Jesús menciona en su parábola del sembrador (Mateo 13:1-23).

Tampoco podemos esperar que crezca nuestro apetito si no nos alimentamos con comida para el alma. Hay una conexión entre consumir las palabras de Dios y amar las palabras de Dios. Pero también necesitamos su directa intervención divina. *Lo necesitamos a Él.* Así como expresa el pastor y autor John Piper:

> El acto de leer, para que se haga con la intención que Dios tuvo, debe hacerse en dependencia de la ayuda sobrenatural de Dios. [...] Si más personas se acercaran a la Biblia con un profundo sentido de impotencia y una confianza llena de esperanza en la ayuda misericordiosa de Dios, habría mayor visión, interés y transformación, que los que hay[3].

Agitar nuestra alma es algo que solo Dios puede hacer, y ¿hay algo demasiado difícil para él (Jeremías 32:27)? Mientras lees este libro, deseo que Dios lo utilice para este fin, que él despierte tu apetito por su Palabra mientras exploramos las preguntas: *¿Por qué debería amar las Escrituras?* y *¿Cómo es posible que vuelva a desearlas?* Oro que, al llegar al final, te sientas reanimado e impulsado a disfrutar de sus palabras vivas de una manera nueva. Ruego que, en este mismo momento, te abras a esta posibilidad sobrenatural, por más apático o desanimado que te sientas.

Dicho eso, necesitamos más que un estímulo. También necesitamos sosegarnos.

No quiero decir que debamos «quedarnos tranquilos» (¡lejos de eso!). Quiero decir que *necesitamos descansar* en las muchas oportunidades y contextos asombrosos que tenemos para consumir la Palabra de Dios, en vez de sentirnos culpables constantemente por no tener un devocional diario perfecto, aquello que conocemos como la «hora silenciosa».

¡El tiempo devocional diario no es malo ni incorrecto! De hecho, es un muy buen hábito. Pero necesitamos una reorientación sobre lo que es en realidad amar la Palabra de Dios para las personas que tienen hambre y que tienen una vida muy ocupada. Necesitamos una reorientación bíblica, en lugar de tratar de copiar ideales históricos o culturales. A fin de cuentas, necesitamos combatir la falsa culpa que proviene de nociones estrechas sobre lo que significa deleitarse en las palabras de Dios y descansar en la bondad de Dios para que esto nos dé amplias oportunidades para disfrutar de las Escrituras.

En otras palabras, es posible que no estés fallando en esta área tanto como lo piensas. Y creo que nos animará lo que descubramos.

Hambre de escuchar a Dios

Los breves capítulos que siguen a continuación son ocho palabras de ánimo para aumentar nuestro apetito por la Palabra de Dios, el alimento eterno que tu alma más necesita. Algunos de estos alimentos nos llevarán de nuevo a lo básico, recordándonos verdades que tal vez hayamos olvidado o dado por hecho. Otros nos darán una perspectiva fresca sobre cómo es comprender de una manera práctica las Escrituras.

Puedes leer los capítulos en el orden en que fueron escritos o hacerlo en forma salteada, según lo creas conveniente (aunque en realidad, se van construyendo unos sobre otros). Cada uno termina con una sección de aplicación que contiene ejercicios y otras sugerencias, que espero sean útiles para ti. Sobre todo, te animo a que tengas a tu lado la Biblia mientras lees para permitir que este libro te conduzca *al* libro.

También encontrarás, entretejidos, breves testimonios escritos por otros creyentes con diferentes ocupaciones y en distintas etapas de la vida, sobre cómo Dios incrementó su apetito por su Palabra. Espero que estas historias te animen a llevar adelante una vida nutrida por la Biblia.

Entonces, ¿qué dices? ¿Aceptarás la invitación de Dios a escucharlo con atención, a comer lo que es bueno y a deleitarte con manjares deliciosos (Isaías 55:2)? ¿Podré ser tan atrevida como para abrirte el apetito por las palabras de vida de Dios que nutren el alma? Mi desafío para ti es que leas hasta el final y veas si su Espíritu despierta en tu corazón, aunque sea en un grado muy pequeño, un anhelo por más, un hambre de escuchar a Dios.

Señor, tú me examinas y me conoces.

Salmo 139:1

Escudriñemos nuestros caminos y descubramos en qué forma los asuntos se interponen entre nosotros y Dios.

J. C. Ryle
Cristianismo práctico

Porque él sacia al alma sedienta y llena de bien al alma hambrienta.

Salmo 107:9 (RVA-2015)

1

Conoce tu corazón hambriento

ESTABA FRENTE a una sala repleta de mujeres de una iglesia local, quienes se habían reunido para un retiro de fin de semana. Durante los últimos tres días, había tenido el gozo de enseñarles la Palabra de Dios y conectar con ellas mediante la conversación. Estas mujeres amaban al Señor y se amaban entre ellas; era obvio que tenían hambre de aprender sobre las Escrituras juntas, tan hambrientas, que habían destinado el fin de semana completo para esta búsqueda. No había planeado encuestarlas para este libro, pero después de la última sesión, les pregunté si estarían dispuestas a responder algunas preguntas para mí.

Sus ideas y percepciones han sido de un valor incalculable (¡gracias, hermanas!). Una de las preguntas que hice —la que pareció la más importante y reveladora— fue: *¿Cómo describirías tu apetito actual por la Palabra de Dios?*

Y la respuesta más repetida fue: *hambre intensa.*

Tres tipos de hambre bíblica

La pregunta que tengo para ti ahora es la misma: ¿Cómo describirías tu actual apetito por la Palabra de Dios?

Mi meta en este capítulo es ayudarte a que te conozcas mejor para que puedas discernir cómo puedes crecer. Estoy orando que Dios, por medio de su Espíritu, nos ayude a comprender nuestro corazón hambriento, qué es lo que más deseamos, y cómo estos deseos se manifiestan en un día normal en relación con la Palabra de Dios. Piensa en este capítulo como si fuera una especie de «chequeo del corazón».

En primer lugar, veremos tres tipos de hambre bíblica y consideraremos cuál se aplica mejor a nosotros. Luego, veremos cinco obstáculos comunes que pueden impedir que crezca nuestro apetito por las Escrituras. ¿Estás listo? Comencemos.

Hambre famélica

Primero, está el hambre de un corazón que siempre está hambriento, famélico, pero nunca se satisface. Dios nos dice que esto es como tratar de llenar de agua una vasija agrietada y agujereada:

> Dos son los pecados que ha cometido mi pueblo:
> Me han abandonado a mí,
> fuente de agua viva,
> y han cavado sus propias cisternas,
> cisternas rotas que no retienen agua.
>
> JEREMÍAS 2:13

Esta es la condición natural de todo ser humano, al tratar de alimentar nuestra hambre con lo que nunca puede satisfacernos (Isaías 55:2). Es un estilo de vida inútil y agotador.

Cuando solo depende de su propio esfuerzo, el corazón

humano permanece vacío y muerto de hambre. Siempre buscará satisfacción en los lugares equivocados, a menos que Dios mismo lo rescate.

Quizás esta descripción te resulte demasiado familiar. Tal vez te hayas encontrado desesperado tratando de sentirte satisfecho en lo más profundo de tu corazón, pero nada en este mundo ha podido hacer esto por ti. Hay una buena noticia: *Fuiste creado para más. Fuiste creado para Dios, para obtener tu satisfacción plena en él.*

Tu Creador también es el Redentor del corazón famélico. En todas las formas en que el mundo se ha mostrado vacío para ti, puedes contar con que él será aquella plenitud que tu alma anhela. ¿Por qué no le pides a él, ahora mismo? Estará encantado de responder a tu clamor hambriento, llenándote con su Espíritu y cambiando aquello que amas (Salmo 14:2; 145:18).

Hambre que busca

¿Has pasado por temporadas en las que Dios parece estar lejos y tienes poco deseo por él? Sabes que el Señor es el único que puede llenar plenamente el anhelo de tu alma, pero leer la Biblia te parece aburrido y seco. (Yo levanto la mano). Perdí la cuenta de las veces que experimenté esto, y ahora sé que vendrán estas temporadas porque son parte de la experiencia cristiana normal.

¿Estás allí ahora mismo? Debes saber que no estás solo. En efecto, tu deseo de seguir buscando a Dios demuestra la sinceridad de tu hambre por él (1 Pedro 1:6-7). Solo aquellos que aman al Señor quieren más de él cuando lo sienten distante (Salmo 27; 63). Solo aquellos que han probado y vieron su bondad saben cuándo ese sabor se desvanece (Salmo 34:8).

¿Por qué experimentamos estas temporadas? Más adelante, analizaremos con cuidado cinco razones específicas, pero hay ciertos factores que nos hacen sentirnos lejos de Dios y hambrientos por más de él, factores como el agotamiento físico y mental, el sufrimiento, las luchas con patrones de pecado, las distracciones y el retiro intencionado de Dios para que aumente nuestra hambre por él[1].

Cualquiera sea tu situación, escucha la promesa de Dios para ti cuando lo buscas: «A los que me aman, les correspondo; a los que me buscan, me doy a conocer» (Proverbios 8:17).

Hambre satisfecha

Por último, está el hambre santa de un corazón satisfecho. En los últimos meses, he llegado a amar el Salmo 119, el cual podría ser el mejor ejemplo de este tipo de hambre. Este salmo es un clamor complejo y honesto del corazón que expresa hambre de conocer y regocijarse en Dios y en sus palabras; el tipo de hambre que todo creyente en Jesús tiene el privilegio de conocer, de alguna forma y hasta cierto grado, por causa de su gracia interventora y transformadora.

Observa la complejidad y el realismo de las palabras del salmista:

> Postrado estoy en el polvo;
> dame vida conforme a tu palabra.
> Tú me respondiste cuando te hablé de mis caminos.
> Enséñame tus estatutos.
> Hazme entender el camino de tus preceptos
> y meditaré en tus maravillas. [...]

Yo, SEÑOR, me apego a tus mandatos;
no me hagas pasar vergüenza.
Corro por el camino de tus mandamientos,
porque me has dado mayor entendimiento.

SALMO 119:25-27, 31-32

El salmista interpreta su canción desde la fibra sensible de un corazón profundamente ensayado en el carácter, los caminos y las palabras de Dios, ya que conoce al Señor y quiere más de él. Al mismo tiempo, sin embargo, toca una canción *realista*. Él ha aprendido a tener aún más hambre de Dios porque la vida es difícil y su corazón es rebelde, mientras que Dios es confiable del todo.

Allí mismo está la bendición de una verdadera hambre de Dios: *Cuanto más conocemos a Dios, más de Dios queremos saber*. Esto no significa la perfección, ya que todos nuestros anhelos en esta vida serán incompletos hasta que veamos a Jesús; pero sí significa que tenemos un potencial sin fin para crecer al buscar más a Dios y recibir la plenitud de gozo que solo él puede dar (Salmo 16:11).

Ansiamos estar satisfechos en él y en sus preciosas palabras.

Cinco obstáculos comunes en la lectura bíblica

A estas alturas, es posible que desees pasar a la sección final de este capítulo («Explora tu corazón hambriento»), donde verás un par de ejercicios para ayudarte a procesar qué tipo de hambre estás experimentando hoy. Siéntete libre de completarlo con tus respuestas ahora mismo. Cuando hayas terminado, continúa leyendo aquí.

¿Qué es lo que a menudo nos impide conectarnos con las Escrituras? Fíjate cuántos de estos obstáculos se aplican a ti.

1. La distracción

Vivimos en una era de oportunidades sin precedentes y de constante estimulación, en la que la influencia de la tecnología ha afectado en gran medida nuestro deseo y habilidad de recibir la Palabra de Dios. El bullicio digital ha reconfigurado nuestros cerebros, haciendo que estemos obsesionados con el ruido y las novedades, adictos a una gratificación instantánea e incapaces de enfocar. Todo esto puede dificultar la escucha y la lectura la Palabra de Dios, una práctica que es facilitada por la concentración, el compromiso y la quietud.

Ya conoces la escena. Estás pensando en un pasaje bíblico o en un reciente sermón, y de pronto tus pensamientos comienzan a pasear por un proyecto de trabajo que tienes que terminar o un debate que escuchaste en línea (lo cual te hace mirar otra vez tu teléfono). ¡Hola, distracción!

¿De qué forma has visto que la influencia de la tecnología se ha vuelto peligrosa para tu caminar con Dios? ¿De qué forma has visto al enemigo usarla para alejarte de Dios y de su Palabra dadora de vida (Marcos 4:15)? La distracción es un obstáculo invasivo del que debemos estar conscientes cuando busquemos crecer.

2. El embotamiento

Los avances tecnológicos y culturales nos han brindado una abundancia de recursos bíblicos. Estos son obsequios de Dios que pueden estimular nuestra hambre por él, pero a veces tienen un efecto contrario: los subestimamos y nos aburrimos de lo que nos resulta muy familiar[2]. Como dice el pastor y autor J. C. Ryle: «Apenas conocemos el valor del aire que respiramos y el sol que brilla sobre nosotros porque nunca supimos lo que es no tenerlos»[3]. El embotamiento del corazón en especial puede afectar a aquellos que han llegado a conocer bien la Biblia, como pastores, estudiantes de seminarios y maestros de la Biblia. Esto me ocurre a mí.

¿Cómo se ve esto? Tal vez no sea fácil acercarnos a la Biblia como una mera obligación, en lugar de una comunión con el Dios vivo (Juan 5:39-40). El embotamiento puede hacer que olvidemos que en realidad no merecemos escuchar a Dios en lo más mínimo, y puede tentarnos a buscar revelaciones extrabíblicas, como si escuchar a Dios directamente de las Escrituras no fuera suficiente para nosotros. Tenemos que estar en guardia para percibir cuándo el corazón se ha vuelto insensible a la Palabra de vida.

3. El engaño

El corazón también puede ser engañado para que creamos mentiras acerca de Dios y su Palabra. Esta es una de las tácticas más grandes de Satanás como padre de mentiras (Juan 8:44). Incluso para los creyentes en Jesús cuyo corazón ha sido liberado por su verdad, la tentación hacia el engaño es real (Juan 8:32).

Dicho esto, podemos pedirle a Dios que nos haga conscientes de pensamientos mentirosos que nos distraen de la Palabra de Dios y vuelven nuestro corazón insensible a su belleza, autoridad y poder. ¿Cómo podrían sonar estas mentiras? En vez de creer que Dios nos está amando a través de sus palabras, sospechamos que la Biblia contiene *solo reglas y restricciones que nos limitan y condenan.* En vez de confiar en lo que Dios dice, desconfiando de nuestra propia sabiduría caída frente a su perfección, *lo cuestionamos y dudamos de él.* En vez de tener hambre de realidades eternas y amar lo que Dios ama, somos engañados y *nos conformamos con valores e ideales mundanos*, pensando que nos harán felices.

Estamos en guerra. La vida cristiana es una gran batalla por el corazón, en la que nos alejamos del engaño y permitimos que la verdad nos libere de él, razón por la cual necesitamos la Palabra.

4. El desánimo

¿Qué factores han hecho que te sea difícil mantenerte firme, o qué te ha sumido en estaciones de sequedad espiritual? Quizás hace meses que no abres tu Biblia porque tu bebé recién nacido te ha mantenido despierta toda la noche durante ese mismo lapso. Tal vez tus padres ya ancianos te necesitan constantemente, drenándote la energía que podría haber quedado para el Señor. O puede ser que la lectura bíblica se sienta más como una tarea a cumplir que una bendición para disfrutar.

Quizás estás en medio de un sufrimiento que no viste que se avecinaba: enfermedad, dolor crónico, depresión, tristeza y otras penas que dificultan levantarse de la cama por la mañana, mucho menos invertir energía en la Palabra de Dios. El dolor llena nuestra cabeza, pesa en nuestro corazón y nos tienta a sumirnos en el desánimo y en la apatía.

Jesús también señala la persecución «a causa de la Palabra» (Marcos 4:17). Cuando elegimos seguirle, hay costos incómodos

(Marcos 8:38), ya sea que estemos sacrificando nuestra reputación o poniendo en peligro nuestra propia vida. La gente del mundo creerá que estamos locos por ser personas del Libro.

Es un hecho que *nos sentiremos* desanimados al caminar con Dios en este mundo caído. La pregunta es si permitiremos que este desánimo nos acerque a su Palabra o nos aleje de ella.

5. Los deseos

No siempre queremos lo que nos conviene (¿alguien quiere verduras y ejercicio?). Los deseos incorrectos pueden impedir que tengamos hambre de la Palabra de Dios. Y no solo eso. También pueden matarnos poco a poco a medida que el corazón se encoge bajo su influencia. Si vivimos abiertamente en prácticas pecaminosas (1 Juan 2:16), no habrá lugar en nuestro corazón para Dios y su Palabra (Santiago 4:4).

Pero ¿qué de aquellos que deseamos amar y agradar a Dios, aunque no siempre queramos lo que beneficia nuestra alma? Ya no vivimos en las prácticas pecaminosas, pero todavía luchamos contra la presencia del pecado y los deseos incorrectos (Romanos 7:21-25). Esta lucha puede afectar nuestra hambre por la Palabra.

A veces, las cosas buenas pueden reemplazar a Dios, al tomar prioridad sobre él y crear los patrones en nuestra rutina diaria. ¿Qué «buenos deseos convertidos en ídolos» te han impedido disfrutar a Dios en su Palabra? ¿Esa hora extra para dormir que se hace hábito, dejándote sin tiempo para leer la Biblia? ¿El deseo de ganar más dinero que te lleva a trabajar más horas y te deja demasiado exhausto para cualquier otra cosa? ¿La comodidad de abrir Netflix o las redes sociales con regularidad en lugar de buscar un mejor descanso en las palabras de vida?

No quiero dar a entender que un poco más de sueño, trabajo duro y entretenimiento sean necesariamente malos (aunque podrían llegar a serlo). Lo que queremos es que la intimidad con Dios sea la prioridad y el patrón de nuestros días, antes que las preocupaciones del mundo y los deseos de nuestra carne.

En busca de un corazón hambriento

Con estos cinco obstáculos en mente, en este momento puede que te sientas desalentado. Si eres como yo, estarás pensando: *Lucho a menudo, o casi siempre, con la mayoría de estas cosas.*

Aun así, recuerda nuestra meta. Queremos que nuestro apetito por la Palabra de Dios crezca para que nuestro corazón se satisfaga cada vez más en él. Necesitamos reconocer estos obstáculos —distracción, embotamiento, engaño, desánimo y deseos— para que, con la ayuda de Dios, podamos comenzar a descartar todo lo que nos impida amar sus palabras. En cambio, anhelamos mirar a Jesús, recibir sus palabras con fe (Hebreos 12:1-2) y crecer al adquirir un hambre más profunda por él (Juan 6:35).

Esta es la meta, amigos, y es hacia donde nos dirigimos en el resto de este libro.

Aunque, ¿cómo llegamos allí?

La realidad es que ninguno de nosotros puede conseguir esto por sí mismo, pero Jesús es el Creador y el Redentor de nuestro corazón y, por lo tanto, tenemos esperanza para el cambio. La única forma en que nuestro afecto por él crezca es que él nos dé ese crecimiento (1 Corintios 3:6). La única manera de aprender a amar sus palabras por encima de todas las cosas es que él ponga ese amor en nosotros (Jeremías 31:33). Y la única forma de que cambie nuestra hambre por él *—y que nuestro corazón esté cada vez más satisfecho—* es que le imploremos que haga lo que solo él puede hacer (Salmo 107:9): un milagro.

Explora tu corazón hambriento

1. ¿Cómo describirías tu apetito actual por la Palabra de Dios? Haz un círculo alrededor de las palabras que más te resuenan en este momento. No hay respuestas correctas... solo respuestas honestas.

Indiferente
Entusiasmado
Abrumado
Deseoso
Esporádico
Nostálgico
Desilusionado
Culpable
Desesperado
Reseco
Agradecido
Carente

Ansioso
Distraído
Aburrido
Constante
Ávido
Fuerte
Nervioso
Esperanzado
Curioso
Perezoso
Luchador
Escéptico

2. En una escala de 0-10, ¿cuánta hambre tienes de escuchar al Señor?

3. ¿Cuál de los tres tipos de hambre te describe ahora mismo? ¿Por qué crees que es así?

4. Utiliza la tabla que hay a continuación para determinar qué obstáculos te impiden relacionarte con Dios en la actualidad. Comienza reflexionando sobre tus hábitos asociados a cada uno de los obstáculos. No te contengas; anótalos a todos. Luego, en la tercera columna, escribe qué te gustaría cambiar para que la Palabra de Dios ocupe un lugar más central en tus días y en tu corazón.

Obstáculos para la lectura bíblica

Obstáculos	**Hábitos actuales**	**Cambios potenciales**
Distracción		
Embotamiento		
Engaño		
Desánimo		
Deseos		

Un creciente afecto por la Palabra de Dios

Lydia (cuarenta y tantos años, esposa, madre y codirectora de discipulados para mujeres)

Crecí en la iglesia. Fui hija de pastores, mis dos abuelos fueron pastores y asistí a una escuela primaria cristiana, una escuela secundaria cristiana y una universidad cristiana. Participé en AWANA, la escuela dominical y el grupo de jóvenes. A menudo, ganaba juegos de ejercicios con espadeos o trivias bíblicas. Sabía mucho acerca de la Biblia y también sobre teología y doctrina. Aun así, creo que no podría decir con el salmista: «Tu Ley es mi regocijo» (Salmo 119:174) ni con Jesús: «No solo de pan vive el hombre, sino de toda palabra que sale de la boca de Dios» (Mateo 4:4).

En realidad, no amaba la Palabra de Dios. No era lo que alimentaba mi alma. Era parte de mi vida, pero no le tenía ningún afecto. Hasta hace poco tiempo.

Mi cariño por la Palabra de Dios comenzó a cambiar cuando empecé a participar regularmente en el estudio bíblico para mujeres en mi iglesia. Y cambió aún más cuando me pidieron que ayudara a liderar uno de los grupos pequeños de estudio bíblico. Además de aumentar mi conocimiento de la Palabra y de agudizarse mi entendimiento, mi afecto por la Palabra de Dios se profundizó significativamente. Mi amor por Cristo es ahora más profundo. Por la gracia de Dios, la ayuda del Espíritu Santo y el poder transformador del evangelio día a día, soy diferente, y creo que lo que ha jugado un rol primordial en esto ha sido el estudio de su Palabra.

Otra influencia sobre mi aprecio por la Biblia ocurrió en la primavera y verano del 2020, durante la pandemia de COVID-19. Abbey Wedgeworth, autora y anfitriona de pódcast, organizó una serie en Instagram llamada «Salmos significativos», donde invitaba a mujeres a compartir cómo algún salmo específico las había formado e impactado. Al escuchar a cada mujer hablar verdades sobre Dios, su carácter, su amor y su cuidado por su pueblo, mi corazón se sintió tan atraído al libro de los Salmos que comencé a leer uno por día. No tardé en incluir a mis pequeños hijos y, cada mañana, en el desayuno, leíamos juntos un salmo. Cuando terminamos los Salmos, seguimos con Proverbios, Lucas y Hechos, y hemos continuado leyendo juntos otras partes de la Biblia.

Inclina mi corazón hacia tus mandatos.

SALMO 119:36

Dios nunca le pone a un hombre el deseo de recibir misericordia, sin tener la intención de dársela.

CHARLES SPURGEON
The Parable of the Sower (LA PARÁBOLA DEL SEMBRADOR)

Y a ti te alimentaría con lo mejor del trigo; con miel de la roca te saciaría.

SALMO 81:16

2

Ruega por hambre santa

AMAMOS LOS MILAGROS. Nos sorprenden y nos entusiasman. Nos distraen temporalmente de nuestra existencia carente de acontecimientos importantes y nos hacen sentir conectados, aunque de forma ambigua, con lo divino. Cuando un bebé nace sano y fuerte, decimos: «Es un milagro». ¿El rescate de un equipo completo de fútbol tailandés que estaba atrapado en una cueva inundada? Milagroso.

Milagros, milagros en todas partes... o eso creemos. Nos encantan los acontecimientos extraordinarios, aunque no sean milagros en realidad.

¿Qué pasaría si te dijera que hoy mismo puedes experimentar un milagro real, un acto sobrenatural de Dios? ¿Y qué, si te dijera que esto tiene que ver con abrir tu Biblia?

Cuando escuché este argumento por primera vez, casi me desmayo de la sorpresa. Luego de haber estudiado mi Biblia por décadas, leí el maravilloso libro de John Piper *La lectura sobrenatural de la Biblia*, y toda mi perspectiva acerca de las Escrituras cambió[1].

El pastor John me sorprendió muchísimo al expresar esta realidad que me dio otra perspectiva: *Amar la Palabra de Dios es un milagro.*

Nuestra esperanza de hambre

En el capítulo anterior, nuestra meta fue hacer un chequeo del corazón y examinar nuestro apetito actual por la Palabra de Dios. Observamos varios obstáculos que pueden impedir que lo amemos y tengamos hambre de él: la distracción, el embotamiento, el engaño, el desánimo y los deseos. Si eres como yo, identificar estos obstáculos pudo haberte dejado con algunas preguntas urgentes.

Si estas cosas pueden impedirnos tener un hambre mayor y más profunda por Dios y sus palabras nutritivas, ¿qué esperanza nos queda para crecer?

¿Es acaso posible que los creyentes que viven en un mundo caído satisfagan su hambre?

Y si es posible, ¿cómo?

Vamos a extraer las respuestas a esas preguntas a lo largo del libro, pero la respuesta sencilla es que *nuestro Dios es el iniciador de lo imposible* (Lucas 1:37). No hay nada demasiado difícil para él (Génesis 18:14; Jeremías 32:27), incluso trabajar en el corazón complejo y tibio de personas rebeldes, escépticas y demasiado fáciles de contentar, como tú y como yo.

Amigas, amigos, nuestro Dios no está colgando una zanahoria delante de nosotros como en la conocida historia. Si nos invita a encontrar nuestra satisfacción en él, pues cumplirá su invitación (Salmo 81:16; Isaías 55:1). Tiene la intención de cumplir su palabra cuando lo buscamos con sinceridad a través de su Palabra. Nuestra esperanza frente al hambre, entonces, se encuentra en aquel que nos llama hacia sí mismo. Específicamente, en el *milagro del hambre espiritual* que solo Dios puede crear dentro de nosotros, a través de su Espíritu, al hacernos conscientes de nuestra impotencia y al humillarnos para que reconozcamos nuestra necesidad.

Listos para recibir

«¡*Necesito* leche, mamá!».

Esa es la frase diaria de nuestro hijo de dos años cuando nos implora que le demos leche antes de ir a dormir. A veces le recuerdo que no necesita leche —*la quiere*—, pero, en general, me enternece su infantil dependencia de mí, su madre, en algo tan simple como una taza de leche.

Nosotros también estamos necesitados. En especial, cuando se trata de nuestras Biblias.

Quisiera que ahora mismo sintamos la maravillosa libertad de esta realidad en lo más profundo de nuestro ser: solo Dios puede producir en nosotros hambre de sus palabras. Esto quiere decir que todos los intentos de «leer la Biblia lo suficientemente bien» o de «hacer lo que tenemos que hacer» o de «sentir todo lo correcto» no pueden *por sí solos* despertar en nuestro corazón el hambre que tanto deseamos.

Esto es lo que quiero decir. Dios a menudo lleva a cabo sus obras milagrosas a través de *medios*, y sabemos que su Espíritu obra a través de sus palabras[2]. Para que su Espíritu obre a través de sus palabras, sin embargo, necesitamos interactuar con ellas en verdad. Necesitamos *escuchar* la Palabra de Dios y *leerla*.

Necesitamos ponernos en la bendita postura de recibir de Dios. *Necesitamos estar necesitados.*

En los próximos capítulos hablaremos un poco más acerca de las muchas formas prácticas y creativas en las que podemos hacer esto; por ahora, acepta en tu mente y en tu corazón que Dios hace lo imposible a través de encuentros muy normales y cotidianos con un libro: su Palabra. Solo Dios puede producir en nosotros hambre por su Palabra. Lo que nosotros podemos hacer es ponernos en la postura necesaria para recibir de él.

Hablando de los pequeños, Pedro nos dice que pensemos y actuemos como bebés: «Deseen con ansias la leche espiritual pura, como niños recién nacidos. Así, por medio de ella, crecerán en su salvación, ahora que han probado lo bueno que es el Señor» (1 Pedro 2:2-3). Los recién nacidos no producen la leche que sus cuerpos necesitan para crecer y prosperar: lo hacen sus madres. Para beneficiarse de la leche de sus madres, sin embargo, esos bebés deberán estar en posición para recibirla. Y como los «recién nacidos», nosotros tenemos una necesidad permanente de que Dios nos sostenga y, por lo tanto, nos ponemos en condiciones de *ser sostenidos* por él (Filipenses 2:12-13).

Abrimos nuestra Biblia y le suplicamos a Dios que haga lo que solo él puede hacer a través de ella.

Por qué suplicamos: Somos indefensos

Muchos de nosotros sabemos cómo es sentirnos derrotados en nuestra lectura bíblica aun antes de comenzar. El deseo simplemente no está ahí (o no es demasiado fuerte). Así que bajamos la escalera por la mañana, tomamos una taza de café e intentamos sentarnos a leer. Y luego nos encontramos con que la vibración de nuestro teléfono es muy intrigante, que la lista mental que se acumula con rapidez es demasiado apremiante o que las necesidades y el ruido de nuestros pequeños hijos son demasiado molestos.

Sabemos lo que es preferir otras cosas y luego *elegir* esas cosas. La mayoría de los días no es una lucha. Es una elección fácil.

Estos escenarios tan comunes ponen en evidencia el problema más profundo que hay dentro de nuestro corazón: sin el Espíritu somos incapaces de querer lo que deberíamos querer y de amar lo que deberíamos amar. Por naturaleza, nuestro corazón está torcido por el pecado, engañados para pensar que otras cosas son más satisfactorias que Dios (Romanos 1:21-22). No queremos lo que naturalmente es mejor para nosotros.

Mi esposo y yo disfrutamos viendo el programa *Alone* (Solo), donde expertos en supervivencia son arrojados a partes remotas del mundo e intentan sobrevivir más tiempo que los demás. Aquellos que capturan, cazan y atrapan más comida tienden a sobrevivir más tiempo, pero todos llegan al punto de la inanición y ese estado les cambia el apetito. Curiosamente, en lugar de querer comida y un patrón de alimentación normal, su hambre tan intensa termina cambiando por completo lo que sus cuerpos quieren.

Lo que más necesitan, no lo desean.

De manera similar, dependemos del Redentor de nuestro corazón para cambiar nuestros propios deseos, para darnos la capacidad de querer lo que deberíamos querer y de amar lo que él ama. Somos incapaces de producir este cambio por nuestra cuenta. Día tras día, necesitamos que Él altere nuestro apetito.

Pero no me malinterpreten por favor. No piensen que estoy

diciendo que nuestra incapacidad es excusa para no ser santos. Nada de eso.

Recuerda que solo Dios puede producir en nosotros hambre por su Palabra, pero nosotros *podemos* ponernos en la bendita postura de recibir de él. Podemos permitir que nuestra impotencia nos impulse a tomar ante el Espíritu Santo una postura de necesidad desesperada, abriendo nuestras Biblias y procediendo hacia adelante en total y completa dependencia de él.

Nuestra impotencia nos hace humildes.

Cómo suplicamos: Humillados

Continuemos con el ejemplo de los niños. Pedro nos dice que seamos como niños recién nacidos, poniéndonos en una postura receptiva, y Jesús nos dice algo similar al decirnos que seamos como niños pequeños: «Les aseguro que a menos que ustedes cambien y se vuelvan como niños, no entrarán en el reino de los cielos» (Mateo 18:3). ¿Cómo son los niños?

Pueden hacer muy poco por sí mismos. La mayoría de las veces conocen sus límites y piden ayuda a quienes son más capaces. No andan con pretensiones, dejan ver sus emociones a flor de piel. Y regresan hacia sus padres una y otra vez (y otra vez), pidiendo lo que necesitan y lo que quieren.

«¡*Necesito* leche, mamá!».

Jeremy Pierre lo expresa con estas hermosas palabras:

> Los niños no intentan ser importantes para Jesús. Exactamente por esa razón él los recibe. Para estar cerca de Dios no puedes traer nada que lo impresione o te haga especial a sus ojos. No eres especial para Dios por

> tu obediencia a él. Eres especial para Dios por lo que hay en su corazón hacia ti. Al Señor le encanta mostrar misericordia a quienes saben que la necesitan. Y los niños son muy buenos en reconocer su necesidad[3].

Lo que debemos preguntarnos es: *¿Somos tan buenos para reconocer nuestra necesidad al interactuar con la Palabra de Dios?* ¿Reconocemos nuestra incapacidad, que hasta nuestros deseos necesitan ser cambiados por la gracia transformadora del Espíritu? ¿O nos acercamos a las Escrituras con orgullo, pensando que ya lo «tenemos bajo control», tratando de impresionar a Dios, a los demás y aún a nosotros mismos por nuestra obediencia? ¿Estamos confiados en que podemos conseguir lo que buscamos a través de un esfuerzo bien programado?

Durante muchos años, leí las Escrituras así porque no entendía mi necesidad. Creía que al abrir mi Biblia estaba buscando algo bueno y correcto que hacer, en lugar de buscar principalmente a alguien a quien amar.

La realidad es que, a menos que nos humillemos como niños pequeños ante la Palabra de Dios admitiendo nuestra incapacidad de amar lo que Dios ama y ver lo que él ve en sus páginas, tendremos dificultades para amar y para ver. La Biblia se convertirá en un medio para nuestros propósitos personales —por ejemplo, una autojustificación (Juan 5:44)—, más que en un medio de gracia para satisfacer el hambre de Dios, la justicia verdadera (Mateo 5:6).

La humildad es el camino para obtener la satisfacción del hambre, porque confiesa la incapacidad para encontrar satisfacción en cualquier otro lugar que no sea en Dios. Y nuestro

Dios misericordioso promete responder al clamor del corazón humilde e indefenso:

> Yo estimo a los pobres y contritos de espíritu,
> a los que tiemblan ante mi palabra.
>
> ISAÍAS 66:2

Jesús, nuestro gran (y humilde) sumo sacerdote

Cuando lees Isaías 66:2, ¿te hace pensar en alguien en particular?

Solo un corazón perfectamente humilde ha caminado esta tierra. Si la Palabra hecha carne no hubiera venido hacia nosotros, seríamos incapaces de acercarnos a Dios. Pero lo hizo. Solo ese corazón humilde es capaz de llevarte a Dios cuando se lo suplicas, incluso ahora mismo.

Creo que todos nosotros, seres humanos finitos, nos preguntamos a veces si nuestras oraciones rebotan en el techo. Jesús es la respuesta a nuestras preguntas. Él es la razón por la que nuestras súplicas delante de Dios son escuchadas, porque él es el camino para que nos acerquemos otra vez a nuestro Padre (Juan 6:37; Hebreos 10:20). Él es nuestro gran y humilde sumo sacerdote. La pregunta es: ¿de verdad confiamos que Jesús *desea profundamente* ayudarnos? ¿Nos atrevemos a creer que él quiere hacer que su gozo —la intimidad con el Padre— sea también nuestro gozo?

Clama por tener un hambre santa, amigo, porque Jesús la ha puesto a tu disposición.

Cuando confiesas tu incapacidad de querer lo que deberías, imagínate a tu gran sumo sacerdote diciéndote: «Yo conozco esa tentación; le hice guerra y la vencí para que tú también puedas vencer» (ver Mateo 4:1-11). Cuando abres su Palabra en obediencia y en fe, aunque no tengas ganas de hacerlo, recuerda que su historial perfecto y justo de gozosa obediencia y confianza en la Palabra de Dios ahora es tuyo (Romanos 3:23-25); y que él manda su Espíritu para ayudarte, para darte entendimiento espiritual. Mientras te preguntas con un espíritu hastiado si es posible tener más hambre, observa al Hijo sentado en su gloria, resucitado de entre los muertos y venciendo todo el quebranto y el pecado que afecta tu corazón (ver Hebreos 12:1-3).

Obsérvalo, ámalo y suplícale a Dios a través de él.

Oraciones que suplican

Aunque, ¿qué suplicamos exactamente?

No sé si es tu caso, pero para mí hay ciertas cosas que son mucho más fáciles de orar que otras. El hambre por Dios y su Palabra es una de las más difíciles. Me he tenido que preguntar por qué ocurre así, y creo que la respuesta recae en mi propia incapacidad.

Es fácil orar por lo que queremos pero no por lo que deberíamos querer. Se siente natural orar por cosas naturales, y se siente antinatural orar por cosas espirituales. Pero estamos desesperados porque Dios produzca esos deseos en nosotros. Lo necesitamos.

Por eso oramos. Con humildad e incapacidad, oramos.

Le pedimos que nos dé lo que solo él puede darnos, a través de Jesucristo, por su Santo Espíritu. Le pedimos un milagro... un milagro de hambre espiritual que se cultiva a través de una visión espiritual.

Una visión del Hijo.

Rogar por hambre santa

A continuación, comparto cuatro oraciones que puedes usar para rogarle a Dios un hambre santa. Todas son extraídas de su Palabra[4]. Te animo a orar usándolas como base para crear tus propias oraciones a partir de otros pasajes bíblicos o a repetirlas hasta que sean *tu oración*.

Del Salmo 119

Oh Señor, soy como una oveja perdida que a menudo se aparta de ti. ¡Búscame Señor! Llámame de regreso a tu lado (119:176). No quiero olvidarme de tus mandamientos y necesito que tú inclines mi corazón hacia ellos (119:36). Es fácil para mí mirar cosas sin valor que no se pueden comparar a ti y, aun así, preferirlos. Dirige mis ojos para que pueda mirarte a ti en tu Palabra y encontrar vida (119:37). Cambia mis afectos para que mi tesoro más profundo esté en ti cada día (119:72). ¡Oh, que mis caminos sean constantes en guardar tus estatutos (119:5)! Si tú no tratas bien conmigo, Señor, no podré guardar tu Palabra ni amarte (119:17). Por favor, ayúdame a elegir el camino de la fidelidad, aun cuando sea difícil (119:30). Correré en el camino de tus mandamientos cuando agrandes mi corazón (119:32). ¡Tú tienes que hacerlo, Señor! Sé misericordioso conmigo conforme a tu promesa (119:58), y sé que todas tus promesas son Sí y amén en tu Hijo. En su nombre, amén.

De Daniel 9

Oh Señor, tú eres el Dios grandioso y asombroso, que guardas el pacto con aquellos que te aman y guardan tus mandamientos. En muchos aspectos de tu Palabra he pecado y he hecho el mal, desviándome de tus mandamientos (9:4-6). Muchas veces no te he escuchado y he rehusado obedecer tu voz (9:14). Tú eres justo en todos tus caminos y no merezco misericordia, pero te estoy pidiendo que la concedas conforme a tu fidelidad. No presento mi ruego ante ti por mi justicia, sino por causa de tu gran misericordia (9:18) manifestada a través de Cristo Jesús. Hazme atento a tu Palabra. Ayúdame a escucharte y oír tu voz. Yo sé que rehusarme a escuchar significa la muerte para mí (9:11), pero yo elijo la vida. Elijo a Jesús. Pido tu favor y corro hacia tu verdad (9:13); tu Palabra es verdad. Oh Señor, escucha. Oh Señor, perdona. Oh Señor, presta atención y actúa en mi corazón (9:19). Para la gloria de Jesús, amén.

De Efesios 1 y 3

Padre de gloria, ¿podrías darme, por favor, espíritu de sabiduría y de revelación en el conocimiento de tu persona (1:17)? Ilumina los ojos de mi corazón. No puedo ver cosas hermosas en tu Palabra a menos que tú me ayudes a verlas (1:18). Quiero conocer la esperanza a la que me has llamado y las riquezas de mi herencia gloriosa en los santos. Lléname con la grandeza incalculable de tu poder (1:18-19), el mismo poder que levantó a Jesús de los muertos (1:20). Concédeme ser fortalecido con poder a través de tu Espíritu en mi ser interior para que Cristo habite en mi corazón por la fe al encontrarlo en tu Palabra. Consolídame y arráigame en su amor para que tenga fortaleza para comprender cuál es la anchura, la longitud, la altura y la profundidad, para conocer el amor de Cristo que sobrepasa el conocimiento; para que pueda ser lleno de toda tu plenitud, oh mi Dios (3:16-19). Amén.

De Juan 17

Jesús, gracias porque eres mío y yo soy tuyo. Sé glorificado en mí (17:10). Guárdame y cuídame en tu nombre, y usa tu Palabra para hacerlo (17:12). Tu Palabra es un regalo para mí (17:14) y tú has hablado para que todo tu pueblo tenga la plenitud de tu gozo (17:13). ¡Quiero más y más de tu gozo! Santifícame en la verdad; tu Palabra es la verdad (17:17). Envíame al mundo como embajador de tu Palabra. Tú viniste para esto, Señor Jesús, para que yo también sea santificado en verdad y utilizado para tu gloria (17:17-19). Que los demás vean en mí el amor que Tú compartes con tu Padre (17:23). Anhelo conocerte más, así que por favor continúa revelándote a mí a través de tu Palabra para que yo pueda caminar por tu Espíritu y vivir en tu amor (17:26). En el nombre de tu Hijo, amén.

Hambriento de tener hambre otra vez

Josh (treinta y tantos años, esposo, padre y pastor)

He sido líder en la iglesia durante muchos años. En la escuela media y en la secundaria, dirigía la alabanza a menudo, y buscaba estudiar la Palabra de Dios con mis pares. En la universidad, me gustaba dirigir estudios bíblicos en el campus y servir a los estudiantes en la iglesia local. Durante los últimos diez años, he sido un pastor cuyo gozo es amar al pueblo de Dios y predicar su Palabra.

Cuando estuve en el seminario, sin embargo, hubo una etapa en la que simplemente no deseaba la Biblia. No tenía ganas de leerla. No me entusiasmaba estudiarla. No me causaba deleite. Había perdido mi apetito por ella.

Esto era bastante alarmante. ¡Estaba estudiando para ser pastor! ¿Cómo podría guiar a las personas *con* la Biblia si yo mismo tenía apatía *hacia* ella? Me sentía hipócrita, pero no sabía qué hacer. Sabía que debía deleitarme en la Palabra de Dios, que era bueno sentir hambre de leerla, pero mi corazón no me seguía.

Entonces, ¿qué hice? Decidí que iba a leer mi Biblia de todos modos. No sentía deseos de leerla, pero sabía que mi vida cristiana se encogería y moriría sin ella, y sabía que yo estaría descartando la bendición de Dios si seguía descuidándola.

Así que arrastré mi corazón para que me siguiera y le pedí al Señor que me ayudara a profundizar mi amor por su Palabra. ¿Y sabes que noté? Con el tiempo, ya no tuve que arrastrar mi corazón. Al obligarme a leerla (y así lo sentía), me di cuenta de que comenzaba a anhelarla y a deleitarme en ella.

La Palabra de Dios creó un hambre de sí misma.

Cuando me comprometí a leer y estudiar la Biblia, regresó mi apetito por ella. En poco tiempo, comencé a disfrutarla y a deleitarme de nuevo. La verdad del Salmo 1 ha sido mi realidad: hay bendición para aquellos que en la ley del Señor se deleitan y meditan en ella de día y de noche (ver Salmo 1:1-2).

[Dios] nos ha hablado por medio de su Hijo.

HEBREOS 1:2

La Palabra de Cristo es el instrumento de Cristo, usado por el Espíritu de Cristo, para nutrir la unión con Cristo y transformarnos a la imagen de Cristo.

SINCLAIR B. FERGUSON
Lecciones del aposento alto

Les he dicho esto para que tengan mi alegría y así su alegría sea completa.

JUAN 15:11

3

No pierdas de vista a Jesús

¿CÓMO PUEDE ser que no hayan sabido? Cleofas recostó su cabeza y recordó los acontecimientos de la tarde. El desconocido. Su apariencia misteriosa. Su interés en conversar con ellos y la intensidad con la que hablaba acerca de Cristo. Cómo sus corazones habían ardido dentro de ellos cuando él habló y les abrió las Escrituras.

Jesús había estado parado delante de ellos —¡Jesús!—, pero ellos no se dieron cuenta.

Hasta que les abrió los ojos.

Y usó las Santas Escrituras para hacerlo. *¿Cómo puede ser que no hayan sabido?* En todas partes, a través de la Ley y los Profetas hubo predicciones de sus sufrimientos y anticipos de su gloria. Pero ellos no pudieron ver.

Hasta que Jesús les dio la vista.

Y cuando lo hizo —¡oh, cuando lo hizo!—, la visión fue hermosa, resonaba un deseo en lo profundo de sus corazones de que Dios cumpliera cada palabra que había dicho. Entonces, envió la Palabra para probarlo. La Palabra hecha carne delante de sus ojos.

Jesús estaba vivo. Para ellos, esto era solo el comienzo de la visión.

Una visión del Hijo

A estas alturas de nuestro tiempo juntos, hemos examinado nuestro corazón hambriento y hemos recordado juntos el lugar necesario de la impotencia y la humildad ante Dios. Cuando se trata de amar la Palabra, amigos, nos desesperamos por un cambio y por el único que puede producirlo. Anhelamos, cada vez más, llegar a ser personas que tienen hambre de Dios y de todo lo que él dice. ¡Queremos que nuestro apetito por él crezca! Por eso le estamos pidiendo un milagro: un milagro de hambre espiritual que se cultiva a través de visión espiritual.

Una visión del Hijo.

Este milagro es precisamente lo que ocurrió con dos de los discípulos de Jesús en Lucas 24.

Allí leemos que dos personas iban juntas desde Jerusalén hasta Emaús, conversando sobre los recientes eventos de la tortura, crucifixión y muerte de Jesús. Mientras hablaban, Jesús se acercó, pero no lo reconocieron. Él les preguntó de qué hablaban y con una expresión de sorpresa y tristeza, se preguntaban cómo era posible que él no supiera nada. Así que le contaron toda la historia.

En respuesta, Jesús les dijo:

> —¡Qué torpes son ustedes —les dijo—, y qué tardos de corazón para creer todo lo que han dicho los profetas! ¿Acaso no tenía que sufrir el Cristo estas cosas antes de entrar en su gloria?

> Entonces, comenzando por Moisés y por todos los Profetas, les explicó lo que se refería a él en todas las Escrituras.
>
> LUCAS 24:25-27

En todas las Escrituras. Jesús les mostró a los discípulos la maravilla de su Palabra, para revelar todo lo necesario acerca de sí mismo. *La Biblia entera señala a Jesús, ya que Él es la razón de toda la Biblia.*

¿Alguna vez has escuchado algo así?

Me imagino que sí y que de seguro lo creas. Eso es maravilloso. Por eso, en este capítulo quiero movilizarnos hacia un mayor deseo de *encontrarnos con Jesús,* al relacionarnos con la Palabra. Veremos tanto algunos principios a favor de esta meta como algunas tentaciones que nos pueden alejar de ella.

Él es el pan de vida. En él somos alimentados; sin él, nos marchitamos.

Y, si perdemos de vista a Jesús, perdemos el sentido de la Palabra.

El sentido final

Entonces, comencemos allí: *¿Qué sentido tiene leer la Biblia?* ¿Es para aprender? ¿Crecer? ¿Obedecer? En una ocasión le pregunté esto mismo a unas pocas personas, y las respuestas fueron en su mayoría alentadoras. Muchos dijeron que leían la Palabra de Dios para conocer a Dios. Esta es una gran respuesta que refleja el corazón de Dios para con nosotros: «Escucha, Israel: El SEÑOR nuestro Dios es el único SEÑOR. Ama al SEÑOR tu Dios con todo tu corazón, con toda tu alma y con todas tus fuerzas».

¿Cómo hacemos esto? «Grábate en el corazón estas palabras que hoy te mando» (Deuteronomio 6:4-6).

Si amamos al Señor, guardaremos sus palabras en nuestro corazón.

Sabemos esto. Leemos y escuchamos las palabras de Dios para conocer a quien las dice. Aunque quizás la pregunta más reveladora sea la siguiente: ¿Has visto que la falta de fe afecta esta búsqueda? En otras palabras, ¿en qué te has parecido a los discípulos en el camino a Emaús, quienes estaban rodeados de noticias *acerca de Jesús* aunque su corazón se mantenía sin ser afectado *por* Jesús?

A veces podemos olvidar que Jesús es una persona real, resucitada y reinante, no una teoría espiritual o una figura histórica. Puede resultarnos más natural mirar sus obras que buscar su corazón.

El sentido de ingerir la Palabra, entonces, no es completar un proceso, lograr una habilidad o resolver nuestros problemas, sino conocer a una persona real: *tener un verdadero con el Cristo resucitado*. Solo entonces, al encontrarnos con Jesús, aumentará nuestro apetito por él.

Dos tentaciones (y dos oportunidades)

Todos provenimos de diferentes trasfondos, culturas, familias, creencias y hábitos en relación con la Biblia. Por cuestiones de tiempo, quiero enfocarme en dos tentaciones, y en dos circunstancias, específicas que podemos enfrentar cuando se trata de abrir la Biblia y encontrarnos allí a Jesús. Llamaremos a estas tentaciones «insensatez» y «tardos de corazón», siguiendo las palabras de Jesús en Lucas 24.

Insensatez (y sabiduría)

La insensatez y la sabiduría son dos temas opuestos que se entretejen a lo largo de la Biblia; el libro de Proverbios los relaciona con las palabras de Dios: «Porque el Señor da la sabiduría; conocimiento e inteligencia brotan de sus labios» (Proverbios 2:6). El insensato abandona los consejos y la enseñanza de Dios, se inclina a sus propias maquinaciones y ama las ganancias del mundo, para su propia perdición (ver Proverbios 1:24-33). Carece de discernimiento y buen juicio. La persona sabia, por otro lado, escucha el llamado de la Sabiduría y le responde:

> ¿Hasta cuándo, muchachos inexpertos,
> seguirán aferrados a su inexperiencia?
> ¿Hasta cuándo, ustedes los insolentes,
> se complacerán en su insolencia?
> ¿Hasta cuándo, ustedes los necios,
> aborrecerán el conocimiento?
> ¡Respondan a mis reprensiones!
> Yo les compartiré mis pensamientos
> y les daré a conocer mis enseñanzas.
>
> PROVERBIOS 1:22-23

Si la insensatez significa carecer de discernimiento o de juicio, somos tentados con frecuencia a ser insensatos cuando se trata de las Escrituras. Tenemos las palabras de vida a nuestro alcance, la voz de Jesús mismo, pero para nosotros puede resultar monótono y aburrido, una tarea más que debemos tachar de nuestra lista. Tenemos una invitación de Dios a «venir a las aguas» para beber de aquel que está lleno de gracia y verdad, pero sospechamos que esa invitación o debe ser para otras personas o que fue dada con un ligero desgano o una mirada levemente reprochadora. (No puede ser que Dios *me esté invitando*, ¿verdad?) Tenemos un Dios que posee la suficiencia perfecta para satisfacer todas nuestras necesidades, y sabemos, muy en lo profundo, que somos necesitados; aun así, preferimos proveer para nosotros mismos, muchas gracias.

Nuestra tendencia humana hacia la insensatez hace que nuestros pensamientos acerca de Dios estén terriblemente deformados. Esto significa que nuestros pensamientos acerca de su Palabra también lo están.

Las Escrituras nos resultan aburridas y muy conocidas, así que optamos por entretenimientos brillantes, postergando las cosas eternas hasta algún momento más urgente. La Biblia parece demasiado exigente o confusa, por lo que nos alejamos de ella, perpetuamente desanimados. Sus palabras parecen insuficientes y a veces irrelevantes, por lo cual buscamos en otro sitio para escuchar a Jesús. Tememos caer en una mentalidad legalista sobre la Palabra de Dios, así que le damos más énfasis a la gracia y menos importancia a la obediencia.

Nuestra insensatez nos tienta a olvidar qué son las Escrituras y a renunciar a sus bendiciones.

Al considerar lo que significa encontrar a Jesús en su Palabra, podemos regocijarnos en la verdad de que «la Biblia es una ayuda, no una opresión. Nuestros propios pensamientos oscuros acerca de Dios son los que nos hacen echarnos atrás para no abrirla y entregarnos a ella»[1]. ¿Qué pasaría si, en vez de echarnos atrás, aceptáramos el llamado de la Sabiduría, dándonos cuenta de que Dios *quiere* hacernos conocer sus palabras? ¿Qué pasaría si, en vez de desconfiar de Dios, desconfiamos de nosotros mismos? ¿Qué pasaría si nos alejáramos cada vez más de la insensatez porque reconocemos que produce en nosotros una lentitud de corazón para creer en Jesús?

Lentitud de corazón (y del hambre)

La segunda tentación que a menudo enfrentamos es la incredulidad o lo que Jesús describió como: «*Tardos de corazón*». En una ocasión, Jesús les dijo a los líderes religiosos que eran eruditos en las Escrituras:

> Y el Padre mismo que me envió ha testificado en mi favor. Ustedes nunca han oído su voz ni visto su figura, ni vive su palabra en ustedes, porque *no creen en aquel a quien él envió*. Ustedes estudian con diligencia las Escrituras porque piensan que en ellas hallan la vida eterna. ¡Y son ellas las que dan testimonio en mi favor! Sin embargo, *ustedes no quieren venir a mí para tener esa vida.*
>
> JUAN 5:37-40

Jesús se dirige al corazón que yace detrás de sus hábitos. Es posible leer extensamente las Escrituras y perder de vista a su protagonista principal. Es posible prestarle atención a la Biblia pero no darle ni nuestro afecto ni nuestro corazón completo a Jesús.

Es posible acudir al Libro pero no acercarnos a la Palabra.

En lo personal, esta es mi principal tentación. Puedo creer de manera equivocada que mi lectura y mis hábitos de estudio son merecedores de la aprobación de Dios, en lugar de disfrutar de su aprobación a través de estos hábitos. Puedo leer, leer, leer, hasta que se me caigan los ojos, pero si esta lectura no va seguida de un cambio de corazón que anhele más a Jesús, en verdad no he ido a él. Puedo escudriñar las Escrituras, pero si esto no me lleva a buscarlo a *él* como persona, en realidad no he llegado a él.

Si me atrevo a decirlo, me pregunto si hoy en día muchos creyentes que han sido entrenados en sus casas e iglesias para estudiar la Biblia corren el riesgo de convertirse en los líderes religiosos de la época de Jesús: estudiosos del Libro pero desconocidos por quien era la Palabra. Una de mis mayores preocupaciones es que Jesús me diga: «Apártate de mí. Nunca te conocí», aun siendo yo una estudiante aplicada de las Escrituras.

Oh Señor, ¡que tu preciosa Palabra avive nuestro corazón lento y nuestra hambre de ti! Que podamos buscarte en todas las Escrituras y venir a ti para encontrar vida.

Los discípulos en el camino de Emaús fueron capaces de contar todas las cosas que le habían sucedido *a* Jesús, pero no fueron capaces de verlo. Y él estaba frente a ellos todo el tiempo. ¡Oh, que no perdamos de vista a Jesús! Porque si lo perdemos a él, perdemos la vida misma.

Perdemos la vida misma de la que dan testimonio todas las Escrituras y por las cuales fuimos hecho hambrientos.

No pierdas de vista a Jesús

La pregunta obvia que le sigue a esto es, entonces: *¿Cómo hacemos para no perder de vista a Jesús?*

¿Cómo luchamos contra la insensatez y la incredulidad, buscando la sabiduría y un corazón vivificado y hambriento de

Dios al abrir su Palabra? Aquí no hay magia, sino una dependencia constante de la ayuda sobrenatural de Dios, al ponernos en la posición que nos permita recibir de él. A continuación, comparto algunos principios bíblicos con las cuales podríamos lograrlo, y oro que el Señor los utilice en nuestro corazón para hacer crecer nuestro afecto por la palabra de Cristo.

Invoca el Espíritu de Cristo

¿Cómo exactamente interviene Dios en nuestro corazón cuando dependemos de él? Lo hace a través de su Santo Espíritu, que abre los ojos ciegos y nos da una visión espiritual del Hijo (2 Corintios 3:17-18). El rol del Espíritu es glorificar a Jesús (Juan 16:14), y hace que Jesús sea más hermoso para nuestro corazón cuando leemos y escuchamos su Palabra. Por esto se le llama el Espíritu de verdad. Él es el Espíritu mismo de Cristo, que nos fue dado para ayudarnos (Juan 14:16-17, 26). ¡Es una persona tan especial que Jesús dijo que sería en realidad *mejor* que Él se fuera y que viniera el Espíritu (Juan 16:7)!

Necesitamos que el Espíritu nos revele a Cristo en la totalidad de la Biblia, para desenmascarar falsos conceptos de él y para reemplazar nuestras dudas con verdades sobre el carácter y el corazón de Dios. Necesitamos que él nos ayude a pensar los pensamientos de Dios acerca de Él. Así que «si tu oído inclinas» a él, «si la llamas [a la sabiduría] y pides entendimiento; si la buscas como a la plata, como a un tesoro escondido», creyendo que al derramar Dios su Espíritu hacia nosotros, entonces «comprenderás el temor del SEÑOR y hallarás el conocimiento de Dios» (Proverbios 2:1-5). Invocamos al Espíritu de Jesús para no perder de vista a Jesús.

Profundiza en las palabras de Cristo

Como hemos mencionado antes, no podemos conocer a Jesús sin conocer su Palabra. Dicho eso, preocuparnos sobre cómo estudiamos y leemos la Biblia sin involucrar el corazón no debería impedirnos profundizar en ella. En cambio, es bueno y sabio que estemos en guardia ante cualquier incredulidad al abrir la Palabra de Dios. Esto funcionará como una protección contra la tentación y nos empujará hacia nuestra meta final, la cual es encontrar y amar al Jesús resucitado.

Dado que la Palabra de Dios *es* el conjunto de las palabras de Dios, cuanto más nos esforcemos por llevar a nuestro corazón sus palabras, más le conoceremos y más le amaremos (Juan 15:9-10). Así que, ¿cómo podrías incorporar más palabras de Dios en tu alma? ¿Cómo podrías profundizar en textos específicos o leer más extensamente toda la Biblia? ¿Qué libros u otros recursos podrías leer o escuchar, creados por aquellos que han estudiado las Escrituras? Incursionaremos en más ideas en el capítulo 6[2].

La Palabra de Dios es un tesoro que nunca agotaremos (Salmo 19:10; Proverbios 2:4), y cada visión que tengamos de Jesús es solo un comienzo. Así que, profundicemos en la Biblia. Hay mucho más de él para ver en sus páginas (Romanos 11:33; Efesios 3:8).

Apóyate en el cuerpo de Cristo

Tantas veces le he pedido a mi esposo y a mis hermanas en Cristo que oraran por mi corazón en relación a Dios y a su Palabra, cuando pareciera que la semilla cae sobre tierra dura, cuando mis afectos yacen dormidos, cuando he deseado otras glorias y otras actividades más que a Jesús. Así que le he pedido a mi familia de la iglesia que me ayude a procesar este corazón tardo que estoy experimentando (Proverbios 20:5), que oren por mí (Santiago 5:16) y que hablen sobre mi vida la verdad acerca de Dios cuando lo siento lejano (2 Corintios 1:3-4). Me he puesto bajo el ministerio de la Palabra predicada y he sido alimentada cuando me ha costado alimentarme por mí misma (Colosenses 3:15-17).

El cuerpo de Cristo ha sido justamente eso para mí: *su cuerpo* (1 Corintios 12:12). Sus manos amables y sus pies bien dirigidos. Su presencia reconfortante. Su mirada compasiva. Su voz segura y firme.

Tú también, mi amigo, puedes acudir al cuerpo de Cristo en tu tiempo de necesidad. Lo buscamos juntos y lo revelamos el uno al otro. Por esto es que la iglesia local es una parte tan vital de la salud de nuestra alma y es un privilegio tan grande ser parte de ella.

Esto me lleva a mi próxima palabra de ánimo: las Biblias que están en tu iglesia y las que tienes en tu hogar son privilegios, son regalos de la mano de Dios que a menudo damos por sentado. Su Palabra es un regalo que debemos recibir, desear y disfrutar.

Un encuentro con Jesús

1. ¿Con cuál de las dos tentaciones te identificas más? Utiliza la tabla de mentiras y verdades sobre las tentaciones. Identifica mentiras que estén asociadas con cada una de estas tentaciones en tu corazón. Luego, reemplaza esas mentiras con verdades.

Tentaciones, mentiras y verdades

Tentaciones	Mentira(s)	Verdad(es)
Insensatez: Pensamientos distorsionados de Dios y de su Palabra que afectan nuestra búsqueda de su persona.	Por ejemplo: «La Biblia es aburrida».	
Ser tardos de corazón: incredulidad que nos lleva a prestarle nuestra atención a la Biblia sin darle nuestro afecto a Jesús.	Por ejemplo: «Dios está decepcionado de mí».	

2. Lee la primera historia que aparece en Lucas 24:13-35, e imagínate que eres uno de los discípulos. ¿Cómo habrá sido darte cuenta finalmente que habías estado con Jesús todo el tiempo? ¿Cómo cambia esta percepción la manera en que podrías orar que el Espíritu te ayude a verlo?

3. El profesor y autor Kelly Kapic expresa que todos tenemos «preconceptos de Dios originados por impulsos no bíblicos». Él nos anima a «tomar nota con cuidado de los lugares donde las descripciones bíblicas de Dios nos ponen incómodos y, luego, preguntarnos por qué lo hacen. Estas observaciones

—explica— revelan problemas más amplios en nuestros pensamientos y actitudes. Estos son los lugares donde debemos profundizar y volver a construir»[3]. La próxima vez que llegues a uno de estos lugares en tu lectura bíblica, toma nota, pregúntate por qué y profundiza.

4. La próxima vez que leas tu Biblia o escuches un sermón, prueba utilizar estas cinco preguntas para buscar a Jesús en el pasaje que estás leyendo:

   a. ¿Hay alguna promesa que Jesús ha cumplido o cumplirá?

   b. ¿Hay alguna persona terrible de la que Jesús es lo opuesto o una persona maravillosa de la que Jesús es la versión perfecta?[4]

   c. ¿Hay algún mandamiento que Jesús ha obedecido en su totalidad?

   d. ¿Hay algún pecado, patrón de pecado, conflicto o problema que Jesús ha vencido?

   e. ¿Hay alguna necesidad, anhelo o hambre que solo Jesús pueda satisfacer?

El tesoro de la compasión de Dios

Aubrey (treinta y tantos años, soltera, consultora de recaudación de fondos y líder de un grupo de jóvenes)

Cuando yo tenía poco más de veinte años, atravesé un año de profunda ansiedad después de una relación de noviazgo estresante. Mi mente se sentía atacada sin cesar por pensamientos que yo no podía controlar: acusaciones de pecado, temor de que algo horrible me sucediera a mí o por mi causa. Y estaba exhausta por tratar de mantenerme enfocada. La mayoría de las noches apenas dormía.

A esta ansiedad se le sumaron dudas acerca de mi salvación. Me imaginaba a Dios tacaño y castigador... y hasta irreal. No podía leer ciertas partes de las Escrituras, en especial los sermones de Jesús, porque parecía estar demasiado enojado. Parecía que Dios reservaba su amor y salvación para aquellos que lo seguían a la perfección, algo que yo sabía que no hacía. Tuve que dejar de leer la Biblia cerca de la hora de irme a dormir porque mi mente se quedaba fija en algún versículo que sonaba duro, y eso me daba vueltas en la cabeza toda la noche.

Aun así, el Señor me dio amigos que fueron constantes y firmes al recordarme lo que era verdad. Una amiga ya mayor me hablaba de las Escrituras cada vez que nos encontrábamos y me alentaba a resguardar mi tiempo con la Palabra de Dios. Al principio, leía los mismos salmos una y otra vez. Leía salmos donde el escritor alababa a Dios por salvarlo en tiempos de angustia, por ser refugio y por no abandonar nunca a sus santos. En estos salmos, Dios no era tacaño. Era el salvador.

Leí los últimos capítulos de Job en los que Dios

presenta su constante y amoroso cuidado por todas las criaturas de la tierra. Leí una escena en Zacarías 3 en la que Satanás acusa al sumo sacerdote ante el Señor, pero Dios lo defiende como su propio escogido y lo declara perdonado y limpio.

Poco a poco, comencé a leer los Evangelios de nuevo, y para mi gran alivio, vi que el ministerio de Jesús estaba lleno de sanidades, de echar demonios y de buscar personas que lo necesitaban. Incluso sus duras enseñanzas estaban dirigidas como una invitación a venir a él para recibir la verdadera vida. Durante ese año, aprendí a ver las Escrituras como un tesoro de la compasión de Dios. En ese período de ansiedad, él me mostró lo que era verdad acerca de sí mismo. Y en los años que han pasado desde entonces, vez tras vez me he sentido agradecida porque él me enseñó que su Palabra es el lugar donde puedo buscar y encontrar estas verdades.

¿Qué pueblo ha oído a Dios hablarle
en medio del fuego como lo has oído
tú y ha vivido para contarlo?

DEUTERONOMIO 4:33

Dios, que muchas veces y de varias maneras habló a nuestros antepasados en otras épocas por medio de los profetas, en estos días finales nos ha hablado por medio de su Hijo. A este lo designó heredero de todo y por medio de él hizo el universo.

HEBREOS 1:1-2

Dios [se ha dado] a conocer a los pecadores.

J. I. PACKER
En pos de los puritanos y su piedad

4

Recuerda el privilegio

SI ESTÁS LEYENDO ESTO, puedes darle gracias a Dios por Johannes Gutenberg.

Aunque no fue el primer inventor de una imprenta, su versión fue la primera que pudo reproducirse con facilidad y difundirse, haciendo avanzar el mundo literario tal como hoy conocemos. Antes de que ese inventor alemán haya trabajado con metal, tinta y papel, produciendo esa combinación mágica de gloria impresa que llamamos publicación, pocos individuos y familias tenían libros, incluidas las Biblias.

Amiga, amigo, si esa Biblia que está sobre tu mesa de luz o en la biblioteca hubiera existido hace 500 años, tú habrías sido una excepción: rico en recursos y, sin duda, privilegiado.

¿Cuál es la realidad hoy en día? *Todavía lo eres.*

Mientras luchamos con el deseo de amar la Palabra de Dios, nos será de gran ayuda recordar qué gran regalo es, tanto en su naturaleza como en su prevalencia. Luego de hablar con muchas personas, a través de los años, me parece que uno de nuestros impedimentos modernos para amar y tener hambre por la Palabra de Dios es que se nos hace aburrido leerla. La Biblia es tan accesible, y nuestra búsqueda cristiana occidental de su conocimiento es tan maravillosamente común y corriente, que nos olvidamos cuán preciosos son en realidad. Olvidamos que no merecemos tal regalo.

Así que, haremos bien en *recordar*.

En este capítulo, para alentar nuestro corazón hacia una mayor hambre por Dios y sus preciosas palabras, quiero que recordemos. Específicamente, quiero que repitamos y contemos de nuevo tres privilegios que a menudo damos por sentado en relación con nuestras Biblias: revelación, recursos y libertad religiosa. (Podríamos cubrir muchos más, estoy segura). Al hacerlo, oro que el Señor despierte en nuestro interior una profunda y renovada gratitud por la abundancia que nos ha prodigado en forma de un libro; un libro que, con tapa, páginas y palabras impresas, contiene la propia voz de Dios.

El privilegio de la revelación

¿Te preguntaste alguna vez cómo sería si Dios no hubiera hablado? Me doy cuenta que esta pregunta presenta algunos problemas inmediatos. Por ejemplo, no podría haber un mundo sin que Dios lo hubiera creado por medio de su palabra (Génesis 1). Pero dejemos a un lado estos problemas e imaginemos de qué forma sería diferente nuestro mundo si Dios nunca se hubiera comunicado con nosotros.

Una hambruna de palabras

Comencemos por considerar la historia de Israel. Uno de sus periodos más oscuros fueron los cuatrocientos años en que

Dios dejó de hablar a su pueblo. Según la opinión de Kevin DeYoung, «no hay calamidad como el silencio de Dios»[1]. Estar sin la voz misericordiosa de nuestro Creador es quizás una de las mayores tragedias que podríamos conocer. De modo que, cuando el pueblo de Dios siguió rebelándose contra él, luego de que él les extendiera su misericordia vez tras vez, después de haber realizado maravillas milagrosas en su favor y luego de proveer con paciencia para cada una de sus necesidades, Dios habló acerca de un día venidero de profunda oscuridad, en el cual su rostro se apartaría y su boca se callaría:

> «Vienen días», afirma el SEÑOR y Dios,
> «en que enviaré hambre al país;
> no será hambre de pan ni sed de agua,
> sino hambre de oír las palabras del SEÑOR.
> La gente vagará sin rumbo de mar a mar;
> andarán errantes del norte al este,
> buscando la palabra del SEÑOR,
> pero no la encontrarán».
>
> AMÓS 8:11-12

Cerca de trescientos años después de la profecía de Amós, el pueblo de Dios experimentaría una hambruna divina. Su palabra acerca de sus palabras resultaría cierta: Dios dejó de hablar a su pueblo. No hubo comunicación. No hubo advertencias misericordiosas. No hubo instrucción llena de gracia. No hubo ningún sentir de su presencia. En cambio, *hubo silencio*, provocado por el desdén del pueblo por las palabras de Dios. Solo hubo exilio, confusión y destrucción. Solo hubo calamidad.

Por lo tanto, cuando Dios le advierte a su pueblo que hay una hambruna en el horizonte, una hambruna de «escuchar las palabras del Señor», es difícil ponernos en su lugar. Pero intentémoslo por un momento.

¿Cómo se vería nuestro mundo si Dios no hubiera hablado o si dejara de hablar? Piensa en la calamidad que sería. El mal se multiplicaría y la perversión estaría desenfrenada. El amor a sí mismo y la búsqueda interior de una «verdad» aumentarían, echando por tierra el amor al prójimo y cualquier sentido de moralidad universal. Estaríamos solos —sería un estado alarmante— y entregados a las ramificaciones de nuestra retorcida necedad humana.

Quedaríamos hambrientos de la verdad. Hambrientos de esperanza. Hambrientos de trascendencia. Nos quedaríamos buscando fe en algo más fuerte que nosotros mismos, esperando contra toda esperanza algo más duradero que nosotros y anhelando el amor de alguien más confiable que nosotros. Y cada búsqueda resultaría esquiva, desenterrando solo desilusión y vacío. *Una calamidad.*

Estaríamos absolutamente sin Dios en un mundo sin rumbo y sin esperanza (Efesios 2:12).

El obsequio de la Palabra

¿Cuál es la buena noticia? *Esta no es nuestra realidad.*

Dios, quien no está obligado a hablar a los pecadores, *ha hablado y nos está hablando*. ¡Qué privilegio! Vivimos en un mundo saturado de la voz de Dios, en una creación que testifica y declara su bondad y poder, sea que lo reconozcamos o no (Salmo 19:1-2; 29:3; Romanos 1:18-20). A pesar de la oscuridad y del caos del mundo, los cielos proclaman su gloria.

A pesar de sus muchos males y sufrimientos, los cielos cantan su alabanza.

Y a este mundo, Dios mismo vino.

Jesús, el Hijo —la plenitud de Dios, la imagen de Dios y la Palabra de Dios— se vistió de carne para revelarnos a Dios. El pan de vida vino para saciar nuestra hambre por la verdad, la esperanza y la trascendencia, para ser el autor y perfeccionador de nuestra fe, el ancla segura y firme de nuestra alma esperanzada, y el amor encarnado, con los brazos abiertos en una cruz para demostrarlo. En la calamidad de nuestra hambre famélica, Dios no nos dejó solos, sino que nos encontró con su Palabra perfecta: su propio Hijo.

Entonces, para decirnos todo lo que podríamos saber acerca de Jesús, nos da la Palabra escrita. Dios irrumpe con gracia en el mundo de personas no merecedoras y hambrientas como tú y yo —el ser divino y santo que se acerca a nosotros y se nos ofrece a sí mismo— a través de la Biblia. *Revelando. Comunicando. Hablando.* Iluminando nuestro corazón para que podamos ver.

Esto nos anima y nos da perspectiva: *la Biblia puede ser cualquier cosa menos aburrida.*

La próxima vez que te sientas tentado a pensar en cosas bajas y mundanas sobre tu Biblia (algo que es probable que todos hagamos en algún momento), considera que Dios nunca tuvo obligación de hablarte y, sin embargo, eligió revelar a su Hijo allí, abriendo su boca santa para tu fe, esperanza y gozo en Jesucristo. Considera a los israelitas, quienes estuvieron antes que tú y buscaron la Palabra de Dios pero no pudieron encontrarla.

Considera que el libro por el que ansías tener hambre no es un libro común, sino que contiene la mente del Dios Todopoderoso cuyas palabras divinas y potentes, que deberían aniquilarnos (Deuteronomio 4:33; Hebreos 12:18-19), han sido graciosamente expresadas en palabras humanas accesibles sobre páginas de papel, impresas con tinta. Considera qué privilegio es sostener en tus manos la revelación de Dios y adorar la Palabra que ella revela.

El privilegio de tener recursos

Ten en cuenta que las Biblias ya no cuestan el equivalente de un salario anual.

Hoy en día, podemos comprar una Biblia por el valor de unas horas de trabajo. Podemos tomar una gratis de la mesita de noche de un hotel. Podemos descargar una Biblia en nuestros teléfonos. Hace siglos, antes de la invención de Gutenberg que cambió el mundo, una Biblia copiada a mano habría costado el equivalente del salario de un año completo[2]. Por el alto costo, pocos individuos y familias poseían Biblias; dependían de la tradición oral para conocer y entender las Escrituras. A esto se sumaba el bajo nivel de alfabetización de las personas comunes y su incapacidad de leer latín, el lenguaje bíblico prevalente antes de que aparecieran las traducciones vernáculas.

¿Qué tiene que ver todo esto con nosotros hoy?

Nuestra experiencia actual de poseer múltiples copias, traducciones y versiones de la Biblia, o de tener un acceso fácil e inmediato a ellas, es extraordinario en la historia. Hace quinientos años, las Biblias eran una rareza; y lo que es raro se considera valioso.

¿Has considerado que nuestra falta de hambre por las Escrituras puede estar relacionada con una pérdida del sentido de su valor? Con el advenimiento de la imprenta de Gutenberg, las Biblias (y otros libros) se volvieron más accesibles para las familias, lo que llevó a que la alfabetización fuera más deseable y alcanzable para la gente común. Hoy en día, a la mayoría de nosotros no nos sorprende nuestra habilidad para acceder, leer y entender la literatura, incluyendo las Escrituras.

Piensa acerca de esto. ¿Necesitas una versión diferente de un versículo de la Biblia? Puedes encontrarlo gratis, en línea. ¿Te confunde el significado de algún pasaje? Toma tu Biblia de estudio y lee las notas. ¿No alcanzaste a completar tu plan de lectura esta mañana? Escucha tu Biblia en audio en el automóvil mientras conduces. Como personas alfabetizadas, hacemos todo esto y tenemos millones de recursos al alcance de nuestras manos. ¡Es sorprendente! Qué maravilloso regalo es vivir en el siglo XXI, en el cual parece que no nos falta nada en el mundo de los recursos bíblicos. *Nuestra gran oportunidad es valorar lo que se ha vuelto omnipresente y no perder de vista su infinita preciosidad.*

La Palabra de Dios es «más deseable que el oro, más que mucho oro refinado» (Salmo 19:10). Dios, en su poder y gran sabiduría, ha considerado conveniente preservar sus palabras a través de los tiempos para nuestra salvación y para nuestra satisfacción en él. Al reconocer cuán extraordinario es esto, tendremos hambre por las palabras que él ha preservado y multiplicado, y por quien las pronuncia.

Consideraremos que es un gran privilegio abrir su libro divino y buscarlo en él[3].

El privilegio de la libertad religiosa

A principios del siglo XX, una creyente coreana llamada Ahn Ei Sook (también conocida como Esther Ahn Kim) se estaba preparando para ir a la prisión. El gobierno japonés había anexado a

Corea, obligando a su gente a adorar a sus dioses bajo la amenaza de castigo, y Ei Sook decidió que no se inclinaría ante ningún dios que no fuera el Señor Jesús. Preparándose para su inevitable encarcelamiento, esta joven memorizó cientos de pasajes de las Escrituras. Sabía que su preciosa Biblia sería confiscada y que su alma dependía de atesorar la Palabra de Dios en su corazón[4].

Nos gustaría creer que la historia de Ei Sook es cosa del pasado, pero no lo es. Hoy en día, hay cristianos en todo el mundo que son perseguidos por su fe, lugares donde asistir a una iglesia es un crimen y poseer una Biblia es igual de castigado por ley. Quizás a quienes vivimos en países donde conocemos el privilegio de la libertad religiosa nos sea difícil imaginar tal existencia, pero nos beneficiaría intentarlo.

Imagínate que hoy es el último día en que puedes leer la Biblia por las próximas décadas. ¿Esto hace que pienses diferente acerca de ella? ¿Cómo puede esto cambiar tu hambre por las palabras de Dios? Imagina que tu iglesia ha sido clausurada y que no escucharás predicaciones de la Biblia en un futuro cercano. ¿Sentirías esta pérdida? ¿Esto marcaría alguna diferencia en tu alma?

El hecho de que todavía podamos acceder libremente a las Escrituras, tenerlas, abrirlas, escucharlas, leerlas, entenderlas y compartirlas (la voz de Dios mismo que ilumina nuestro mundo oscuro y satisface nuestra alma hambrienta) es un regalo, una pura dádiva que haremos bien en atesorar. ¿Quién sabe si llegará el día en que nuestras libertades occidentales cambien y terminemos en el lugar de Ei Sook? ¿Consideraremos la Palabra de Dios como un tesoro precioso que debemos buscar, el pan diario que debemos comer, el agua de vida para beber?

¿Tendremos hambre por ella como el gran privilegio que es?

Que nuestra respuesta sea *sí, Señor*, y que podamos deleitarnos en la abundancia de las palabras de Dios, tanto individualmente como junto a nuestra familia de la iglesia.

Allí nos centraremos en el próximo capítulo.

Recordar el privilegio

1. Lee el Salmo 81. Escribe en la tabla que hay a continuación cada instancia en que Dios suplica a su pueblo que lo escuchen y tomen su voz seriamente. (Te he provisto de algunos versículos).

   Luego, considera las respuestas a las siguientes preguntas: ¿Cómo describirías el anhelo del corazón de Dios por su pueblo? ¿Cuál es su deseo por ellos? ¿Lo escuchas suplicando las mismas cosas para ti hoy?

Salmo 81

Versículo 8
Versículo 10

Versículo 11
Versículo 12
Versículo 13
Versículo 14
Versículo 15

2. Repasemos los escenarios imaginarios que se mencionan en la sección sobre libertad religiosa. Escribe tus reacciones y respuestas.

   Escenario 1: imagina que hoy es el último día en que puedes leer la Biblia por las próximas décadas. ¿De qué forma esta realidad hace que pienses diferente acerca de ella? ¿Cómo podría esto cambiar tu hambre por la Palabra de Dios?

   Escenario 2: imagina que tu iglesia ha sido clausurada y que en el futuro próximo no podrás escuchar la predicación bíblica. ¿Sentirás esa pérdida? ¿Cómo? ¿Cómo afectaría a tu alma la ausencia de predicación?

3. Lee biografías de cristianos de otras partes del mundo, como algunos de los siguientes libros de Gospel Coalition (Coalición por el evangelio): *12 Faithful Women: Portraits of Steadfast Endurance* (12 Mujeres fieles: Retratos de una perseverancia firme) y *12 Faithful Men: Portraits of Courageous Endurance in Pastoral ministry* (12 Hombres fieles: Retratos de una perseverancia valiente en el ministerio pastoral). Estos pueden darte perspectiva e incentivar una nueva apreciación por las libertades y los recursos que disfrutamos.

Reavivar el alma, alegrar el corazón

Davis (veintitantos años, esposo, padre, corrector de estilo y diácono)

Desde mi adolescencia y hasta que tuve algo más de veinte años, puedo decir con toda verdad que amaba la Biblia. Las historias me parecían épicas. Despertaban mi imaginación y producían admiración por el carácter de Dios. La poesía me traía inspiración y creatividad, y me infundía visión teológica. Las enseñanzas me motivaban a ser más como Cristo e iluminaban el mundo que me rodeaba.

Según mi descripción, quizás tengas la impresión de que ya no tenía espacio para profundizar mi amor por la Palabra de Dios. Eso era lo que yo pensaba, pero ¡Dios sabía que no era así! Mirando atrás, me doy cuenta de que, aunque yo amaba y escuchaba a la Biblia, también amaba otros libros y escuchaba otras enseñanzas que estaban en la misma categoría de influencia que la Palabra de Dios para mí.

No me malinterpretes. ¡No estoy en contra de otros libros! Pero los había posicionado en un lugar elevado de mi corazón. Esto me llevó a evaluar la Biblia según sus estándares y expresiones, y produjo en mí una duda persistente sobre si la Biblia siempre decía las cosas de la forma correcta. Esto convirtió a la Biblia en una opción entre otros libros, como si elegir entre Génesis y Gilgamesh fuera lo mismo que elegir entre galletas y helado de chocolate.

En ese momento, entró a mi vida el Salmo 19. ¡O quizás irrumpió en mi mundo! Al leer el primer versículo

(«Los cielos cuentan la gloria de Dios; la expansión proclama la obra de sus manos»), la idea de la soberanía de Dios, de su obra como Creador, sus esfuerzos por hablarme y su inmensa gloria me impactaron, y me sentí abrumado. Y luego, cuando leí el versículo 7 como por primera vez («La Ley del SEÑOR es perfecta: infunde nuevo aliento»), se produjo en mí un anhelo intenso, allí, en ese mismo momento. De repente, quería ese avivamiento para mi alma. Me consideraba una persona simple, y quería ser sabio. Quería que mi corazón se regocijara. Necesitaba la Palabra de Dios como nunca. Jesús habló de un hombre que esparció unas semillas que brotaron y produjeron fruto sin que ese hombre supiera cómo explicarlo (Marcos 4:26-29). Esto es similar a mi historia. No sé cómo explicar lo que ocurrió. Solo sé que ocurrió. Una mañana normal de la semana, Dios usó el Salmo 19 para reavivar en mí el gozo que había estado muerto.

[Los seres humanos] Se sacian de la abundancia de tu casa; les das a beber en el río de tus delicias.

SALMO 36:8

La Palabra de Dios tiene el sentido de ser un tesoro comunitario y un evento comunitario.

JOHN PIPER

Cuando no deseo a Dios

Dedícate a la lectura pública de las Escrituras, y a enseñar y animar a los hermanos [...], porque así te salvarás a ti mismo y a los que te escuchen.

1 TIMOTEO 4:13, 16

5

Date un banquete con tu iglesia

«SIENTO QUE es algo que se supone que *debo* hacer».

Varias cabezas se movieron asintiendo. Nuestro pequeño grupo estaba hablando sobre leer nuestras Biblias en la etapa de la crianza de niños pequeños que nos necesitan todo el tiempo. La frase «se supone que debo» surgió más de una vez, y la lucha universal era evidente.

Estas mujeres *querían* tener el deseo de leer sus Biblias, pero no siempre ocurría.

¿Te suena familiar?

Esta es una realidad común entre creyentes hambrientos que tienen vidas muy ocupadas. Sabemos que leer las Escrituras nos beneficia, sabemos que debemos hacerlo, pero cuando esa elección no se acompaña con sentimientos de disfrute o cuando terminamos eligiendo otras cosas, nos sumergimos en la culpa. Y puede ser difícil salir de ese pozo profundo de la culpa.

Más tarde me di cuenta de la ironía de nuestra conversación: estas personas que se lamentaban de lo difícil que es conectarse con las Escrituras, estaban haciendo justamente eso. En ese mismo momento. *Juntas*. Estas mujeres asistían regularmente a las reuniones de adoración de los domingos con sus familias y participaban en un pequeño grupo centrado en la Palabra. *Estaban alimentándose de la Palabra de Dios con el pueblo de Dios.* Esta realidad es la que cambia las cosas.

Es la clase de aliento que nos ayudará a salir del pozo de la culpa.

El pietismo y la culpa falsa

¿De dónde viene este sentimiento de culpa?

De seguro conoces estos pensamientos: *Debería querer leer mi Biblia. Debería estar leyendo mi Biblia con más frecuencia. Debería estar sacando más provecho de la Biblia.* Mientras que algunas de estas consideraciones pueden ser buenas y útiles, pues nos hacen ver los obstáculos y reconocer nuestra tendencia a tener hambre por cosas que no son Dios, muchas de ellas suelen tener su raíz en una falsa culpa.

En otras palabras, puede que nos sintamos mal acerca de nuestro compromiso con las Escrituras, pero quizás no tengamos una razón con fundamento divino para ello. *Nuestra culpa puede ser falsa porque no hay ningún mandamiento en la Biblia acerca de tener una hora silenciosa diaria*[1].

Así que, ¿de dónde surgió esta idea de la «hora silenciosa»? Provino del movimiento que conocemos como movimiento pietista, el cual influyó en la forma en que interactuamos con la Palabra de Dios.

El pietismo fue encabezado en el siglo XVII por protestantes alemanes cuya meta principal era promover la experiencia cristiana individual. Luego de siglos de dependencia de los sacerdotes católicos romanos para escuchar y entender la Biblia, los pietistas tuvieron la visión de creyentes caminando con Dios en persona, creciendo en santidad y en el conocimiento de la Palabra de Dios por sí mismos. Esta es una de las influencias positivas del pietismo, además de su énfasis en nuestro caminar con Jesús. Aunque también achicó nuestra visión de lo que significa interactuar con la Biblia, y eso no fue útil.

Establecida la idea popular cristiana de la «hora silenciosa».

Establecida la culpa falsa que muchos sentimos con referencia a él.

En la cultura cristiana occidental, asumimos ciertos componentes para este hábito personal. Soledad. Silencio. Una hora o dos de lectura, estudio, meditación y oración. Un buen café en una taza con un texto inspirador. Quizás un poco de música suave de adoración en el fondo. Pero ¿qué tan realistas son en verdad? (Esta madre disiente, sacudiendo la cabeza mientras sus niños gritan en el fondo).

Es cierto que, como individuos, no aumentaremos nuestra hambre por Dios aparte de conocerlo *en lo personal* y de amar su Palabra. Pero, si limitamos nuestro compromiso con las Escrituras a este formato de «hora silenciosa» individualizada —aún sin darnos cuenta—, no solo caemos en una falsa culpa y en desánimo, sino que también nos perdemos las muchas formas creativas (¡y bíblicas!) de nutrir nuestra alma con ellas, como con nuestra principal fuente de comida espiritual.

Tu principal comida espiritual

La mayoría de los estadounidenses comen tres comidas principales al día: el desayuno, el almuerzo y la cena. Necesitamos estas comidas para tener una nutrición y un crecimiento adecuado. Quizás podamos pasar el día comiendo bocadillos de vez en cuando, pero comer de manera esporádica y limitada no nos sustentará ni nos fortalecerá a largo plazo. Para poder crecer, necesitamos comidas completas, bien balanceadas.

Así que, a la luz del concepto de «hora silenciosa», aquí hay una pregunta sobre la que vale la pena reflexionar: ¿Has considerado que tu comida espiritual principal deba disfrutarse *en la iglesia*?

Cuando piensas en conectarte con tu Biblia, ¿incluye tu pensamiento la reunión semanal de adoración? ¿Implica consumir las Escrituras junto con el pueblo de Dios? ¿Crees que esta «comida» es importante? No solo importa. Es el *principal sustento espiritual* del creyente.

Pero, quizás te preguntes, *¿no es importante que los creyentes se sostengan, día a día, leyendo sus Biblias?* ¡Por supuesto que lo es! La lectura y el estudio devocional privado son cosas muy buenas, así como hemos visto hasta ahora a través de este libro. Veremos un poquito más acerca de esta práctica en el capítulo siguiente. Las Escrituras nos muestran, sin embargo, que las palabras de Dios casi siempre han sido dirigidas a su pueblo reunido, no solo a individuos.

Por ejemplo, cuando Dios le habló a Moisés para darle los diez mandamientos en el monte Sinaí, pretendía que fueran para los israelitas, su pueblo redimido (Éxodo 20). Cuando Dios habló a los profetas trayéndoles sus palabras de remembranza y advertencia, les dijo que trasmitieran estas palabras a su pueblo rebelde (Isaías 1:4; Jeremías 2:1-13). Cuando Dios proveyó su ley a través de profetas como Josué (Josué 24), de reyes como Josías (2 Reyes 23:1-2) y de sacerdotes como Esdras (Esdras 7:10; Nehemías 8:1-3), lo hizo a oídas de todo el pueblo de Dios.

¿Y qué del Nuevo Testamento? Esta sección de nuestra Biblia actual fue compuesta para la iglesia del primer siglo, el pueblo reunido de Dios. Cada vez que lees tu Nuevo Testamento, estás leyendo relatos históricos que conducen a la iglesia (como los Evangelios y Hechos), cartas a la iglesia (como 1 y 2 Corintios, Efesios y Romanos) y profecías acerca de la iglesia (Apocalipsis).

Queda claro que al Señor le encanta comunicarse con su pueblo como iglesia reunida. Y esta realidad nos dice algo esencial sobre lo que ocurre un domingo por la mañana.

Un domingo por la mañana

Entré por las puertas de nuestra iglesia con mis niños corriendo delante de mí, entusiasmados de encontrarse con su papá, quien es el pastor. Puede que haya sido difícil llegar allí esa mañana, pero valió la pena. La sola presencia de otros creyentes animó mi corazón cansado. Ellos creían que la iglesia era importante, lo cual me ayudaba a creerlo también. Dentro de nuestras muchas diferencias, teníamos el mismo destino un domingo por la mañana. Nos sostenía la misma verdad. Nos unía el mismo Señor.

Juntos teníamos hambre por él.

Una vez que se calmaron los niños, me senté al lado de mi esposo, y comenzó la reunión de adoración. El ruido del mundo disminuyó a medida que se elevaban las voces de los redimidos. La verdad de Dios calmó nuestro corazón ocupado y disperso mientras su luz disipaba nuestra oscuridad y la esperanza nos anclaba en lo invisible.

La comida espiritual principal esta semana estaba delante de nosotros, y nos dimos un festín. Con un banquete suntuoso para nuestra alma hambrienta, la Palabra de Dios nos nutrió: estando juntos.

Nutriéndonos en comunidad

Esta es simplemente la imagen de una iglesia un domingo por la mañana. Quizás tu iglesia se vea diferente, pero la esperanza unificadora es que *la adoración sea nuestra prioridad, con la Palabra de Dios en el centro de la misma*, que nos deleitemos juntos con un banquete de las Escrituras y seamos fortalecidos en la Palabra de Cristo para afrontar la semana que tengamos por delante.

La pregunta que vale la pena hacerse en este momento es la siguiente: *¿Estoy comprometido o comprometida con una iglesia local que ama la Palabra de Cristo?* Ninguna iglesia es perfecta, pero si estás desconectado de la iglesia o si tu iglesia no está consumiendo las Escrituras los domingos por la mañana, o cuando sea que se reúnan, te estás privando de la comida más importante para tu salud espiritual y para la salud espiritual de otros creyentes. Nunca es tarde para conectarte o para hacer un cambio[2].

Dicho esto, ¿qué es lo que ocurre exactamente en nuestras reuniones de adoración, cuando se nos presenta la principal comida espiritual de nuestra semana? Las iglesias se dan un banquete de la Palabra de Dios en las reuniones de adoración a través de al menos cuatro medios: cantándola, orándola, leyéndola y escuchándola en la predicación.

Cantar la Palabra de Dios

En una reunión de iglesia, cantarle al Señor y cantar acerca del Señor ha llegado a ser tan normal que muchas veces no consideramos porqué lo hacemos. Si la «sección de las canciones» desapareciera, ¿en realidad importaría? Según las Escrituras, sí importaría.

Cantar juntos es un regalo, una práctica profundamente espiritual que Dios usa para nutrir nuestra alma con la verdad de su Palabra. Es también un mandamiento bíblico: «Que habite en ustedes la palabra de Cristo con toda su riqueza: instrúyanse y aconséjense unos a otros con toda sabiduría; *canten salmos, himnos y canciones espirituales a Dios, con gratitud de corazón*» (Colosenses 3:16). Pablo le escribe a la iglesia de Colosas y relaciona la morada interna de la «Palabra de Cristo» con «cantar».

Cuando cantamos la Palabra, permitimos que ella nutra nuestra alma.

Al cantar acerca de Cristo y de sus muchas palabras, promesas y obras, engrandeciendo lo que vemos de él en la Biblia, estamos deleitándonos en él y satisfaciendo nuestra hambre por él[3]. Estamos animando a nuestros hermanos y hermanas que necesitan escuchar la proclamación de la verdad a través de nuestras voces, y ellos nos están animando a nosotros. Estamos memorizando grandes verdades que se quedarán con nosotros durante toda la semana (¡porque las canciones se nos pegan!). Y le estamos ofreciendo nuestra alabanza colectiva a Dios, la cual le da honor y lo engrandece ante el mundo.

Nos damos un banquete de la Palabra de Dios a través del regalo del canto colectivo.

Orar la Palabra de Dios

Otra de las formas en que festejamos como familia de la iglesia es orando juntos y clamando a Dios según su Palabra. Es fácil dejar que nuestra mente se distraiga durante la oración pastoral («¿Cerré la puerta del garaje...?»), pero, al contrario, nos mantenemos conectados con ella, orando junto con nuestros líderes en nuestro corazón. Hacemos nuestras sus oraciones, agradecidos de que alguien esté dando voz a las necesidades, confesiones y alabanzas de la congregación. ¡Esta es una bendición maravillosa!

Una de las mejores formas en que podemos disfrutar de las Escrituras es dejar que ellas den forma a nuestras oraciones, tanto las individuales como las colectivas. Mi pastor principal nos anima a «orar siempre con una Biblia abierta». Tenemos un tesoro escondido de oraciones en las Escrituras que dirigirán nuestra mente y corazón a Dios y a su voluntad. No necesitamos preguntarnos si estamos orando correctamente si lo hacemos desde su Palabra.

Por lo tanto, en la próxima reunión de adoración, recibe las oraciones comunitarias como si fueran un regalo y permite que nutran tu alma con la verdad. Hasta puedes pedir una copia de las oraciones y luego orarlas a lo largo de la semana o utilizarlas como una guía para tus propias oraciones.

Nos damos un banquete en la Palabra de Dios a través del regalo de la oración comunitaria.

Leer la Palabra de Dios

La lectura de las Escrituras puede ser una de las formas más obvias en que disfrutamos de la Palabra de Dios, cuando se abre la Biblia y se lee a toda la congregación durante la adoración comunitaria. Repito, ¡qué gran regalo es esto! Tenemos el privilegio de pausar nuestra vida repleta y estresada para recibir las Escrituras en la compañía de otros creyentes. Tenemos una oportunidad ya apartada para respirar las palabras que Dios ha exhalado, para escuchar y creer.

Amigo, quiero animarte: *¡esto importa!* No clasifiques la lectura de las Escrituras del domingo por la mañana como una mera rutina. Cada domingo, tu alma está siendo lavada con las palabras purificadoras y dadoras de vida de Dios. Recibe con agradecimiento la lectura congregacional de las Escrituras. Es parte de tu comida espiritual primaria que te nutrirá a lo largo de la semana.

Nos damos un banquete con la Palabra de Dios a través del regalo de la lectura comunitaria de las Escrituras.

Escuchar la predicación de la Palabra de Dios

Mucho antes de que abras tus ojos somnolientos un domingo por la mañana y te pares junto a tu familia de la iglesia para adorar a Jesús, tu pastor se ha puesto el «sombrero de chef» para crearte una comida nutritiva. Él comienza de rodillas, pidiendo en oración al Señor que le dé los ingredientes correctos y los mejores. Luego se prepara diligentemente durante los días siguientes, estudiando las Escrituras, captando su mensaje y comunicando cómo ese mensaje se aplica a la iglesia, hoy.

Él trabaja duro para ti, y el trabajo *es* duro. Pero a lo largo del camino, tu pastor está probando y viendo que el Señor es bueno (Salmo 34:8), y está siendo nutrido por Dios en el proceso. Es el gozo del Señor —y de tu pastor— preparar una mesa delante tuyo para que tu alma sea fortalecida para la semana que tienes por delante (Salmo 23:5). Esto es lo que hace el sermón.

Entonces, cuando entras al santuario para adorar a Dios un domingo por la mañana, una obra grande y sobrenatural ya ha estado ocurriendo detrás del escenario. Dios está listo para servirte su Palabra a través de tu pastor. Prepárate para recibir una comida dadora de vida, preparada con cuidado, proveniente de la boca de Dios, a través de la boca de tu pastor y dirigida directamente hacia tu alma.

Esto también importa. La predicación de la Palabra de Dios es vital para nuestra salud espiritual. De modo que, al escuchar, nos mantenemos conectados. Quizás tomemos notas para seguir el hilo de la predicación, masticando lo que dice el pastor, haciendo preguntas y suplicándole al Espíritu que nos enseñe. Una vez más, alabamos a Dios por este regalo de una comida nutritiva para fortalecer nuestra alma en Cristo, y recibimos el sermón reconociendo las palabras de gracia de parte de Dios para la familia de iglesia, hambrienta y necesitada.

Nos damos un banquete con la Palabra de Dios a través del regalo de la predicación.

Date un banquete de la abundancia de la casa de Dios

La próxima vez que te sientas desanimado y con culpa por no leer tu Biblia de la forma en que crees que «se supone que debes hacerlo», haz esto: recuerda el domingo anterior en la iglesia, y suspira de alivio y alabanza.

Sí, *has* consumido la Palabra de Dios. Más que eso, te has dado un banquete de su abundancia.

Al cantar, orar, leer la Palabra de Dios y escuchar su predicación junto al amado y reunido pueblo de Dios, has permitido que «habite en ustedes la palabra de Cristo con toda su riqueza». Tu alma en verdad ha sido nutrida.

Con el tiempo, tu apetito por las palabras de Dios aumentará, y tu hambre por él será satisfecha.

Festejando con tu iglesia

1. Piensa acerca de la última reunión de adoración a la que fuiste. (O piensa acerca de estas sugerencias la próxima vez que vayas). Nombrar todos los ingredientes del banquete te ayudará a reconocerlos y apreciarlos más. Hasta podrías escribir en un anotador durante el transcurso de la reunión para que luego puedas releer los pasajes de las Escrituras en la semana. ¿De qué manera:

    - ¿Cantaste la Biblia?
    - ¿Oraste la Biblia?
    - ¿Leíste la Biblia?
    - ¿Escuchaste la predicación de la Biblia?

2. Cuando cenas en un restaurante fino, tu disfrute de la comida no solo agasaja al chef. También te trae deleite y fuerza a ti. En el mejor sentido, darse un banquete de la Palabra de Dios en la iglesia le trae honor a él, el chef principal, y le trae deleite y nutrición a su pueblo, el cual lo disfruta. Viviendo en una cultura de consumo, ¿cómo cambia esto tu perspectiva acerca del propósito de la iglesia?

3. Lee el Salmo 73. El salmista, Asaf, está luchando contra la depresión espiritual y una falta de satisfacción en Dios. Los versículos 16 y 17 son el punto de inflexión. ¿Qué produce un cambio en su perspectiva y mueve su corazón otra vez hacia el gozo y la seguridad?

La buena y extensa obra de la Palabra de Dios

Amanda (cuarenta y tantos años, esposa, madre y directora de contenido)

Me crie con las Sagradas Escrituras. Mis padres tenían título de grado menor en Estudios Bíblicos de una universidad respetada. Por generaciones, mi familia había orado, enseñado y escuchado la Palabra de Dios, y se había esforzado por vivir sus verdades. Recuerdo que, a temprana edad, memorizaba largos salmos que nos ayudaron a todos a soportar la tormenta que significó padecer en mi niñez una enfermedad severa que me mantenía confinada en casa y en el hospital.

Ya que sabía mucho por la memorización y por lo que había absorbido de mi entorno, recuerdo con claridad la vergüenza de sentirme como una impostora, siendo una madre joven, cuando me di cuenta de que, si bien mi fe era sólida como una roca, mi conocimiento del Antiguo Testamento era nulo. Más allá de los salmos y de las clases más conocidas del franelógrafo de la escuela dominical, no tenía profundidad en ninguna enseñanza del Antiguo Testamento.

Podría ser lógico pensar que, de alguna forma, a través de mi propia humildad y determinación, logré revertir esto. Pero eso se queda muy corto de la verdad. En cambio, Dios ha sido misericordioso y paciente, despertando en mí un celo por tener comunión con él a través de su Palabra.

Por ejemplo, a través de un estudio metódico de Éxodo, versículo por versículo, en nuestra iglesia, Dios me enseñó acerca de su amor vertido sobre pecadores como yo. ¿Cómo no entusiasmarme? Aprendí que los primeros tres banquetes de Levítico 23 se alinean a la perfección con la muerte, el entierro y la resurrección de Cristo. Su Palabra no solo habla. ¡Libera!

Mi santificación ha sido un proceso lento y arduo a través del cual Cristo ha usado el cincel, el fuego y las tijeras de su Palabra para martillar, moldear y podar a una pecadora hasta convertirla en algo santo. Así como con el yeso italiano, las verdades bíblicas habían sido puestas sobre mi corazón en capas y a lo largo de muchos años. Pero fue solo en los últimos que comenzó a tomar forma de una verdadera obra de arte.

Pero ese es el regalo del Espíritu Santo en acción. Su tiempo es perfecto. Por mucho que quieras conocer a Dios, él quiere que lo conozcas mucho, mucho más: «Y a aquel que es poderoso para hacer todas las cosas mucho más abundantemente de lo que pedimos o pensamos, según el poder que actúa en nosotros, a él sea la gloria en la iglesia y en Cristo Jesús, por todas las generaciones de todas las edades, para siempre. Amén» (Efesios 3:20-21, RVA-2015).

Dichoso es quien [...] en la Ley del SEÑOR
se deleita y día y noche medita en ella.

SALMO 1:1-2

El que come de mí vivirá por mí.

JUAN 6:57

Que Dios te dé intencionalidad para darle forma a tus semanas con su Palabra, habilidad para colmar tus días con su voz, y creatividad para marcar tu vida y la vida de aquellos que te rodean con nuevas rutinas que te permitan aprovechar sus palabras dadoras de vida.

DAVID MATHIS

Hábitos de Gracia (TRADUCCIÓN LIBRE)

6

Aliméntate con creatividad

POR FAVOR, no me malinterpretes: asistir a la adoración comunitaria cada domingo y escuchar la Palabra de Dios en ese contexto no es una excusa para dejar de leer tu Biblia. Lejos de eso.

En cambio, escuchar la Palabra de Dios en comunidad debería animarnos a seguir interactuando con las Escrituras el resto de la semana. Luego de haber probado la bondad del Señor Jesús en la presencia de su pueblo reunido, espero que estés hambriento por más de Él y sus palabras.

El capítulo anterior es en realidad tu excusa para ser creativo cuando se trata de la Palabra de Dios. Es un llamado a disfrutar a Dios en las Escrituras *tanto* en forma colectiva *como* en forma individual. Es una invitación a no estar conformes con cualquier cosa que no sea la satisfacción en Jesús, a rechazar el aburrimiento y la apatía, y a escuchar o atender el llamado atractivo y amable de Dios por el bien de tu alma:

> ¿Por qué gastan dinero en lo que no es pan
> y su salario en lo que no satisface?

> Escúchenme bien: comerán lo que es bueno
> y se deleitarán con manjares deliciosos.
>
> ISAÍAS 55:2

Escucha. Come lo que es bueno. Deléitate. El Señor nos invita a alimentarnos de él.

Frescura con Dios

Por años yo había estado usando el mismo plan de lectura bíblica. Y era un buen plan. Había variaciones en el tipo de lectura cada día, ya que incursionaba en los dos testamentos y además incluía Salmos y Proverbios a lo largo del camino[1]. Aun así, me aburría, y también me estaba aburriendo mi Biblia.

Algo tenía que cambiar, pero había utilizado la misma rutina por tanto tiempo que no sabía *cómo* hacer el cambio. Tampoco sabía si debía cambiar. ¿Algo malo me estaba pasando, que me provocaba esta lucha por deleitarme en la Palabra de Dios? ¿Estaría mal abandonar el plan? Después de todo, me llevaba a mi Biblia. Y si el plan era tan bueno, *¿qué me estaba sucediendo?*

Estoy segura de que las respuestas a estas preguntas tienen múltiples capas. Somos personas integrales con un corazón complejo y hambriento, en un cuerpo humano complicado, y nos enfrentamos a muchos obstáculos. Por imperfectas que fueran mis intenciones, sin embargo, sinceramente quería buscar a Jesús a través de su Palabra. *Quería* volver a disfrutar de mi Biblia y mi Señor.

Así que una noche, cuando mi pastor principal dio una clase en la iglesia sobre «un paseo fresco, variado y original con Dios», yo fui todo oídos. Necesitaba ayuda.

Lo que escuché de su parte me hizo sentir libertad.

Mi pastor dijo algo así: «No hay una única manera "correcta" de encontrarte con el Señor en las Escrituras. Si te das cuenta de que te estás aburriendo con tu rutina, pues cámbiala». (Quienes tenían personalidades de tipo A en la sala dieron un suspiro de alivio).

Esta fue la sabiduría y el permiso que yo necesitaba para hacer algo diferente. Mi pastor es un hombre de Dios, un creyente mayor que ha caminado muchas décadas con Jesús y ha pasado muchas de sus horas de trabajo en la Palabra, y aquí estaba él, defendiendo la *creatividad* y no un enfoque de «talle único» para la idea de la «hora silenciosa».

En otras palabras, nos estaba diciendo que nos alimentáramos y no solo leyéramos[2].

Así que, considera este capítulo como un incentivo similar. Si estás aburrido con tu Biblia y no sabes por qué; si estás cansado de seguir el mismo plan (como lo estaba yo) y te estás preguntando cómo tener hambre otra vez por la Palabra; si te sientes desanimado por el ritmo de la agenda, las necesidades de las personas, el llamado de las distracciones y el sinnúmero de posibles cosas para hacer; o si te está costando salir del pozo de la culpa creado por los «se supone debería hacer», este capítulo es para ti.

Alimentarse, no solo comer

Las madres son maestras en la alimentación creativa. A veces, meto unas galletas en una bolsita plástica para comer en el camino; otras veces, como de pie mientras sirvo el almuerzo en la mesa a mis niños. La hora de la cena es en general cuando me siento a comer.

Cuando se trata de hambre, el punto es que *comamos*. Porque debemos hacerlo. No podemos funcionar sin alimentar a nuestros cuerpos. Como toda madre sabe, se puede sobrevivir con unos bocadillos improvisados, fáciles de preparar y de comer... por un tiempo.

Sí, necesitamos comer, pero también necesitamos alimentarnos bien. Necesitamos saborear comidas, no solo tragarnos bocadillos.

Las madres ocupadas (y nuestros hijos) pueden arreglarse con bocadillos rápidos y minutas por un tiempo, pero a su tiempo nuestros cuerpos nos ruegan por algo mejor. Para funcionar, necesitan tanto vitaminas y nutrientes como una combinación de proteínas, grasas y carbohidratos. El alma es similar: su salud depende de ambos: de *qué* comemos y de *cómo* lo comemos.

Hasta ahora hemos tocado el tema del *qué*: no solo de pan vivimos, sino de toda palabra que sale de la boca de Dios (Mateo 4:4). El alma no llegará a satisfacerse en realidad si no nos nutrimos con las palabras vivificantes de Dios y si no alimentamos nuestra hambre con la bondad de su gracia en Jesús (Salmo 107:9; Juan 6:57). También hemos visto que el apetito es un gran indicador de lo que hay en el corazón, y puede ser descarrilado con facilidad por muchas alternativas y obstáculos mundanos.

Lo que consumimos a diario es importante para el alma. *¿Estamos consumiendo la Palabra de Dios, o estamos ingiriendo otras cosas que en realidad no pueden satisfacernos?*

En segundo lugar, e igualmente esencial, está el *cómo* estamos consumiendo la Palabra de Dios. Así como puedo manejarme por solo un corto tiempo «comiendo de paso», el alma puede «comer bocadillos» de las Escrituras solo por poco tiempo hasta que nos ruegue algo más. Mordisquear un poco de las Escrituras no es malo o incorrecto. En mi caso, ¡comer bocadillos literalmente me mantiene viva! Tendremos días o temporadas en las que comer bocadillos de las Escrituras es nuestra cuerda salvavidas, y eso está bien, y es bueno, pero no queremos que eso sea lo *definitivo*. Queremos que nuestros bocadillos nos den hambre por una comida completa y balanceada, cuando nos damos el banquete con la familia de la iglesia y luego nos alimentamos en privado del Señor en su Palabra.

Queremos que nos abra el apetito para algo mejor.

La clave de la alimentación: La meditación

Cuando mi esposo come, *inhala* su comida. Me dice que es una cuestión de temperatura apropiada; quiere que su comida caliente esté caliente y su comida fría, fría. Yo solo asiento con mi cabeza, pero creo que se está perdiendo la experiencia de disfrutar más a fondo sus comidas.

Así como comer sin prisa, la meditación de la Palabra de Dios es el proceso guiado por el Espíritu para *disfrutar* de ella. En general, implica leer un versículo (o una pequeña porción de versículos), hacer observaciones sobre él, hacer preguntas (inclusive preguntas muy difíciles), hacer conexiones (dentro de un versículo en particular y con su contexto más amplio) y aplicar sus verdades a nuestro corazón.

O, siguiendo nuestra metáfora, la meditación es *alimentarnos*, no solo comer.

El profesor y autor Don Whitney, quien ha enseñado y escrito extensivamente sobre las disciplinas espirituales, cree que «la meditación es la mayor necesidad devocional de la mayoría de los cristianos, incluso entre aquellos que leen la Biblia a diario». Esta es la razón:

> Tantas cosas se procesan a través de nuestros cerebros que, si no absorbemos algo de ellas, nada de ellas nos afectará. Sin duda, si debemos absorber alguna cosa que cursa por nuestros pensamientos, deberían ser las palabras inspiradas del cielo. Si no hay absorción del agua de la Palabra de Dios, no habrá manera de aplacar nuestra sed espiritual. La meditación es el medio para la absorción. Te animo a que establezcas como regla general: «gran lectura y pequeña meditación» todos los días[3].

Whitney recomienda dedicar entre el 25% a 50% de nuestra ingesta de la Biblia en meditación[4]. Por ejemplo, si tienes veinte minutos para leer las Escrituras, puedes tomar cinco minutos para leer un pasaje más extenso, diez minutos para meditar en una porción menor de ese pasaje (quizás un versículo o dos) y cinco minutos para orar. Este principio me ha animado a ir más lento —cosa que no me resulta natural— y a saborear lo que estoy consumiendo, en lugar de solo tragar mi alimento espiritual. Me ha ayudado a alimentarme, no simplemente comer.

Whitney no está sacando este ejercicio de la nada. Está afirmando algo basado en lo que la Biblia misma enseña. Una y otra vez Dios exalta la meditación, al relacionarla con las «bendiciones» (o la satisfacción) de su pueblo. Vemos esto como un tema que está entretejido a lo largo del Salmo 119, una canción que tiene que ver en su totalidad con amar la Palabra de Dios:

Te alabaré con un corazón recto,
cuando aprenda tus justas leyes.

SALMO 119:7

En tus preceptos medito
y pongo mis ojos en tus sendas.
En tus estatutos hallo mi deleite
y jamás olvidaré tu palabra.

SALMO 119:15-16

A medianoche me levanto a darte gracias
por tus justas leyes.

SALMO 119:62

¡Cuánto amo yo tu Ley!
Todo el día medito en ella.

SALMO 119:97

¡Cuán dulces son a mi paladar tus palabras!
¡Son más dulces que la miel a mi boca!

SALMO 119:103

Cuando probamos algo sorprendente, no podemos evitar contárselo a la gente. A mi esposo y a mí nos encanta descubrir restaurantes y disfrutar juntos de nuevas comidas y platos. Si nuestra experiencia ha sido muy buena, terminamos elogiando el restaurante, escribiendo una reseña, hablando de cuán maravilloso fue y recomendándolo a otros. Saborear la comida nos conduce a deleitarnos en grande.

Esto es lo que vemos que sucede a lo largo de las Escrituras (en particular, en el Salmo 119). La meditación en la Palabra de Dios está relacionada con el deleite en la Palabra de Dios. Y el deleite en la Palabra de Dios nos lleva a tener más hambre de ella, para meditar más en ella. Este es un ciclo de gozo maravillosamente lleno de gracia que Dios ha diseñado para su pueblo.

Y es nuestro, si tan solo elegimos meditar[5].

Saborea y medita

¿Cómo se ve la meditación para el pueblo hambriento de Dios que tiene vidas muy ocupadas?

He estado leyendo mi Biblia por años y todavía me encuentro reflexionando sobre esta pregunta. Cada uno de nosotros meditará de manera distinta según la época en la que nos encontremos; a veces, disfrutaremos de una meditación extensiva y pausada estando solos, mientras que otras veces tendremos que ser creativos para alimentarnos de la Palabra de Dios. Ya sea que estemos en un banquete con nuestra iglesia (un medio fantástico dado por Dios, de meditación incorporada junto con otros creyentes hambrientos) o «comiendo» las Escrituras junto a nuestros hijos, el punto es que alimentamos nuestra alma. En lo personal, me he beneficiado del principio de los 25 a 50% de Whitney. Ha alimentado mi alma con más que un bocadillo, y me ayuda a recordar lo que he leído.

Sea cual sea el momento en el que te encuentres, y la forma en que estés creciendo en creatividad para ingerir las Escrituras, a continuación, te presento un lineamiento para la meditación que podrías utilizar. Se ajusta al acrónimo «SABOR»: *Sé* pensador, *¡a* preguntar!, *busca* a Jesús, *obtén* verdades y *regocíjate* en Dios. Disfrútalo.

Sé pensador del texto

Al leer en oración una porción de las Escrituras, sea un par de capítulos o unos pocos versículos, elige un texto clave para enfocarte en tu meditación, algo que llame tu atención. Puedes escribir un versículo en un anotador o en una Biblia, con espacio para anotaciones, ya que escribir nos ayuda a pensar con más claridad. La repetición también promueve el pensamiento claro, así que puede que quieras volver a leer los versículos circundantes un par de veces. Estás preparando tu mente para lo que sigue.

¡A preguntar!

Una vez que hayas identificado y/o escrito tu versículo, ponte curioso por lo que tienes delante. ¿A quién se escribió originalmente y por qué? ¿Qué te dice acerca de Dios, sobre ti mismo, sobre la iglesia, sobre el mundo o sobre el reino espiritual? ¿Qué no entiendes de él? ¿Qué conexiones puedes hacer dentro del versículo y con otras partes de la Biblia? ¿Cuál es el significado de ciertas palabras y por qué las eligió el autor? Luego de intentar responder tus propias preguntas, si tienes tiempo podrías consultar una Biblia de estudio o un comentario para obtener ayuda adicional.

Busca a Jesús

En toda nuestra meditación, debemos recordar que es posible escudriñar las Escrituras y perder de vista al protagonista principal. ¡No queremos perder de vista a Jesús! Queremos descubrirlo en toda la Palabra de Dios, recurriendo al Espíritu para que nos ayude a ver y amar al Hijo. Él es el punto central de toda la Biblia y de toda nuestra meditación. Para guiarte, podrías usar en oración *las cinco preguntas para buscar a Jesús*, del capítulo 3.

Obtén verdades

Esto es lo que podríamos llamar aplicación o traer la Palabra a nuestra vida diaria[6]. Queremos que la Palabra de Dios haga una diferencia en nuestro corazón (Santiago 1:25); por lo tanto, le pedimos que nos cambie. Quizás extraigas (obtengas) una aplicación específica dada por el Espíritu. O quizás descanses en la certeza de que él te está conformando a la imagen de Dios por su Palabra, ya sea que tengas una lección específica o no[7]. Recuerda, el punto es *ver y disfrutar a Jesús* además de aumentar nuestra hambre por él.

¡Regocíjate en Dios, deléitate!

En todo, nuestra meta final es tener hambre de Dios y ser satisfechos en Él. Para esto fuimos creados. Ya que nuestro corazón está por naturaleza embotado frente a la realidad más encantadora del universo, la meta de la meditación es despertar nuestro corazón al deleite más verdadero, a la satisfacción más plena, a la gloria de Dios en el rostro de Jesucristo (2 Corintios 4:6), de modo que estemos descontentos con cualquier cosa que sea menos que Él, para que tengamos más hambre de él. Que nuestra meditación en la Palabra, y a través de la Palabra, nos conduzca al amor, a la alabanza y a un creciente deleite que nos lleve a disfrutar de Dios.

Almas satisfechas

Ya sea que estemos comiendo bocadillos o dándonos un banquete de las Escrituras, queremos que nuestra alma esté satisfecha en el Señor. Queremos buscar a Dios en formas frescas y creativas que nos mantengan con hambre de él y de sus palabras. Rechazaremos el aburrimiento y la apatía en favor del deleite y del deseo, porque queremos meditar acerca de quién es Dios y lo que él ha hecho, y alegrarnos en él.

Entonces, ¿por dónde comenzar? ¿O cómo puedes seguir adelante?

En la sección de aplicación que encontrarás a continuación, he proporcionado una lista de ideas para que puedas alimentarte creativamente con la Palabra de Dios. Algunas parecerán más como comer bocadillos, mientras que otras fomentarán una mejor y más prolongada meditación. El punto es que no solo comamos, sino que nos alimentemos con la mejor comida que existe: las palabras vivas del Dios viviente, para que nuestra alma sea satisfecha en él.

Alimentarse creativamente

Solo:

- Usa un plan de lectura bíblica. Puedes encontrar cualquiera de los siguientes en línea:
    - Plan de lectura del Nuevo Testamento 5x5x5
    - Five-day Bible Reading plan (disponible en español en www.fivedaybiblereading.com/other-languages/)
    - Plan de lectura de la Biblia en un año, por Robert Murray M'Cheyne
    - Plan de lectura de la Biblia en dos años

- Imprime la porción de las Escrituras en papel y medita en ella, marcándola.
- Escribe porciones de las Escrituras en un anotador y medita en ellas, marcando y resaltando.
- Lee las Escrituras en la ducha (inserta una hoja de papel en una bolsita de cierre hermético —con capacidad de unos tres litros—, ponla al revés y pégala con cinta adhesiva sobre la pared de la ducha)[8].
- Escucha la Biblia en audio o en una aplicación. Puedes escucharla mientras haces ejercicio, te preparas a la mañana, haces las tareas del hogar o cuando estás conduciendo. Algunas aplicaciones son *Streetlights* (en inglés y en español), *Dwell* (en inglés).
- Deja tu Biblia abierta sobre la mesada de la cocina.
- Pon recordatorios en tu celular para meditar/memorizar/orar.
- Configura protectores de pantallas con las Escrituras en tu celular, tu tableta y tu computadora.
- Escucha música de adoración que esté basada en las Escrituras.
- Escucha un sermón (y acompáñalo con tu Biblia).
- Escucha pódcast que enseñen y mediten acerca de las Escrituras:
  - *Proyecto Biblia*
  - *La sinopsis de la Biblia* por D-Group (disponible en www.youtube.com/playlist?list=PLkgWIAVOhHuCI2d6cD3BOfxt8MEEvmLKK)
  - *Abre la Biblia* con el pastor Colin Smith
  - *The Deep Well* (El pozo profundo) con Erin Davis

    - *Help me Teach the Bible* (Ayúdame a enseñar la Biblia) con Nancy Guthrie
    - *In the Word, On the Go* (En la Palabra, estando ocupados) con Champ Thornton
    - *Knowing Faith* (Fe que conoce) por Kyle Worley, J. T. English y Jen Wilkin
    - *The Ponder Podcast* (El pódcast de la reflexión) con Laura Hardin
    - *She Reads Truth* (Ella lee verdades)
    - *Two Sisters and a Cup of Tea* (Dos hermanas y una taza de té)

- Coloca versículos en distintos lugares de tu casa donde puedas verlos.
- Escribe las primeras letras de las palabras de un versículo en tu brazo o en tu mano (intenta memorizar el versículo a partir de las primeras letras).

Con tu familia:

- Lean una porción de las Escrituras durante una comida y conversen sobre ella.
    - Lean juntos un libro completo de la Biblia.
    - Usa un plan de lectura bíblica.

- Usa recursos de devocionales que apunten a las Escrituras. Para los niños más pequeños, recomiendo:
    - *La Biblia Historia del Evangelio: Descubriendo a Jesús en el Antiguo y Nuevo Testamento* por Marty Machowski

- *El catecismo de la Nueva Ciudad*
- *La Biblia de las Promesas de Dios* por Jennifer Lyell
- *Historias Bíblicas de Jesús para niños* por Sally Lloyd-Jones
- *The Biggest Story Storybook Bible* (La Biblia de historias más grande de la Historia) por Kevin DeYoung
- *Kids Read Truth* (Los niños leen la verdad), productos e imágenes en tarjetas
- *Tales that Tell the Truth* (Cuentos que dicen la verdad), libros con imágenes
- *Tiny Theologians* (Pequeños teólogos), productos e imágenes en tarjetas disponibles en inglés y en español

Para niños más grandes, recomiendo:

- *Épica, la historia que transformó al mundo* por Aaron Armstrong
- *Emblems of the Infinite King: Enter the Knowledge of the Living God* (Emblemas del Rey infinito: Entra al conocimiento del Dios vivo) por J. Ryan Lister
- *Epic Devotions: 52 Weeks in the Story That Changed the World* (Devocionales épicos: 52 semanas con la historia que cambió al mundo) por Aaron Armstrong
- *Kaleidoscope Kids Bibles* (Biblias de Kaleidoscope Kids)
- *The-Ology: Ancient Truths Ever New* (Te-ología: Verdades antiguas siempre nuevas) por Marty Machowski

- *Unfolding Grace for Kids: A 40-day journey through the Bible* (Desplegando gracia para niños: Un viaje de 40 días a través de la Biblia)
- *Wonderfull: Ancient Psalms Ever New* (Maravilloso: Antiguos salmos siempre nuevos) por Marty Machowski

- Memoricen versículos juntos (hasta les pueden poner ritmo o música).
- Escuchen música basada en las Escrituras:
    - Slugs and Bugs (Babosas e insectos)
    - Corner Room (La habitación del rincón)
    - Seeds Family Worship (Adoración para la familia, semillas)
    - Ellie Holcomb's kids' albums (Albúmenes para niños de Ellie Holcomb)
    - Shane and Shane's kids' albums (Albúmenes para niños de Shane y Shane)
- Canten música de adoración basada en las Escrituras.
- Creen obras de arte basadas en versículos bíblicos.
- Escuchen pódcast basados en la Biblia:
    - *The Big Picture Podcast* (El pódcast de la gran perspectiva) por Crossway
    - *God's Big Story* (La gran historia de Dios) por the Village Church
    - *Jesus Is Better: Bible Stories with Gospel Joy* (Mejor es Jesús: Historias bíblicas con gozo del evangelio) con Alicia Yoder

Con amigos:

- Únanse a un grupo pequeño centrado en la Biblia, en su iglesia.
- Usen un plan de lectura bíblica con un/a amigo/a, conversen sobre el mismo durante la semana.
- Lean la Biblia en persona con un/a amigo/a o vecino/a.
- Escuchen sermones o pódcast y luego comenten en grupo.
- Lean y comenten un libro basado en la Biblia y saturado de ella.
- Memoricen versículos juntos y luego rindan cuentas mutuamente.
- Envíen mensajes de texto con versículos o frases de la Biblia durante la semana.

Muchas formas de crecer en la Palabra de Dios

Bill (setenta y tanto años, esposo, padre, abuelo, emprendedor y líder de estudio bíblico)

Mi primer estudio de la Palabra de Dios comenzó con un grupo de estudio bíblico de barrio. Luego de haber asistido a un retiro titulado «Busca primero el reino de Dios» (basado en Mateo 6:33), nuestros vecinos nos invitaron a mi esposa y a mí a unirnos a su estudio del Evangelio de Juan. Ya que estábamos experimentando algunos desafíos en nuestra incipiente familia, tenía curiosidad por buscar a Dios en primer lugar y buscar las prioridades correctas. Mi apetito por la Palabra de Dios comenzó a aumentar.

Unos años más tarde, mi esposa me animó a unirme a Bible Study Fellowship (Comunidad de estudio bíblico), un programa disciplinado que incentiva a pasar un tiempo diario en la Palabra. A través de BSF y de su Palabra, Dios ha desarrollado dentro de mí una mayor hambre de conocerlo y aplicar su verdad a mi vida.

Hace varios años, mi esposa y yo nos comprometimos a leer juntos la Palabra de Dios. Elegimos un libro de la Biblia para estudiar, nos turnamos para leer en voz alta, conversamos sobre lo que leemos y oramos. Esto ha sido transformador, ya que ha profundizado nuestra relación con el Señor y entre nosotros.

La Palabra de Dios nos ha dado fuerza, sabiduría y esperanza para cada día. Nos ha dado ánimo en medio de un diagnóstico de cáncer, un ataque de corazón y dificultades familiares. ¡Este compromiso de estudiar la Palabra y orar juntos ha durado veinte años!

Nuestro reciente estudio del Salmo 119, en especial el versículo 144 («Dame entendimiento para poder vivir») nos ha ayudado a abrirnos camino en un mundo confuso. De muchas formas, la Palabra de Dios nos enseña a confiar en él y nos ha ayudado a reemplazar el temor y la ansiedad por paz y contentamiento.

Porque yo estoy vigilando para
que se cumpla mi palabra.

JEREMÍAS 1:12

Dios entreteje aun la hora de estudio
aparentemente fallida, convirtiéndola
en una tela que ilumina.

JOHN PIPER

La lectura sobrenatural de la Biblia

Por dentro nos vamos renovando día
tras día. [...] Lo que se ve es pasajero,
mientras que lo que no se ve es eterno.

2 CORINTIOS 4:16, 18

7

Confía en la obra nutritiva de Dios

«¿ESTO VA A hacer alguna diferencia?».

Ninguno de nosotros sabía la respuesta a esta pregunta. Mi futuro esposo y yo estábamos conversando sobre mi reciente cita con un médico homeópata. Luego de seis años de padecer un dolor crónico en aumento y numerosas visitas a médicos especialistas, estaba desesperada por alguna respuesta. Hasta ahora, el resultado de esta última visita parecía prometedor pero no sin desafíos.

¿Mi nuevo curso de acción? Un cambio drástico de dieta.

Y dije drástico: tendría que eliminar el gluten, los productos lácteos, los granos, la soja, las legumbres y todas las formas de azúcar refinada. Para saber si daba resultado, me comprometería a hacerlo por dos meses y luego evaluaría los resultados a través de análisis de sangre y monitoreo de los síntomas.

Adoptar un estilo de vida así fue duro —aumentaron mis gastos de almacén, la preparación de la comida tomaba más tiempo, se hacía difícil salir a comer afuera—, pero la promesa de sanidad me mantuvo en marcha. Con cada día de compromiso y sacrificio me preguntaba: *¿esto hace alguna diferencia?*

Todo se sentía tan esquivo. No podía ver ni sentir los resultados. Al menos, no por un tiempo.

Más de lo que puedes ver

Nuestro compromiso con la Palabra de Dios puede sentirse de la misma manera (quizás más de los que nos gustaría reconocer). Marcados por días de trabajo con un ritmo rápido, familiares necesitados, responsabilidades laborales y un millón de voces que exigen nuestra atención, nos preguntamos si en realidad vale la pena hacer un compromiso con las Escrituras. Nos preguntamos: *¿Hace alguna diferencia?* Y si lo hace, ¿por qué esta diferencia no nos es más evidente?

He pensado muchas veces en esto y he hablado con muchas otras personas que también lo han hecho. Abrimos nuestras Biblias, oramos, meditamos y oramos otra vez... solo para desanimarnos cuando sentimos que nuestro corazón no fue conmovido. Diez minutos después, nos encontramos gritándole a nuestros hijos o a nuestros compañeros de trabajo, y comenzamos a dudar del poder de la Palabra de Dios. Perdemos la esperanza cuando parece que nuestra hambre por Dios no ha crecido, que no hemos cambiado demasiado, a pesar de muchos años de haber asimilado sus palabras. O quizás, no hemos estado comprometidos en lo más mínimo con la Palabra de Dios últimamente, y la idea de volver a comenzar nos abruma. Todo parece o demasiado bueno para ser verdad o no lo suficientemente bueno para valer la pena.

En este capítulo quiero animarte a entender que, *cuando te comprometes con la Palabra de Dios, ocurren más cosas de las que puedes ver.*

Nuestra oportunidad constante, día tras día, es esperar la obra de Dios que es invisible, continua y al parecer lenta pero siempre buena. Esto significa esperar a Dios mismo en su Palabra. Nunca es fácil esperar. Pero esperar *en el Señor* vale la pena porque significa confiar en aquel cuyas promesas nunca fallan, aquel que se deleita en mostrarse digno de confianza, en especial a personas como nosotros que necesitan con urgencia que Él aparezca.

Ningún otro lugar para ir

En una ocasión entré en un período difícil, lo que yo llamaría depresión espiritual[1]. Nuestra familia había estado con enfermedades en distintos intervalos durante casi un año, así que nos manteníamos medio aislados; nos mantuvimos alejados de la iglesia y de otras personas por mucho tiempo. El invierno persistente del medio Oeste de los Estados Unidos de América también me estaba desgastando. Y por encima de todo, mi esposo y yo habíamos perdido un segundo bebé, a causa de un aborto espontáneo.

La soledad y la tristeza de vivir en este mundo caído se sentían sofocantes.

Mientras las nubes de tristeza y de nostalgia se posaban sobre mi alma, comencé a hacerme preguntas y enfrentar dudas acerca del Señor. Era un campo de batalla no deseado en el que todo creyente entra en algún momento de su vida. Le pedí a mi grupo pequeño que orara que se quebrara esa pesadez. Necesitaba que la luz de Jesús fluyera hacia mi corazón fatigado otra vez.

Sabía que necesitaba su Palabra más que cualquier otra cosa.

Pero conectarme con ella era una lucha. Me acercaba al Señor en las Escrituras, solo para sentir como si nadie respondiera a la puerta. Las palabras de las páginas parecían rebotar en mi corazón, en lugar de penetrarlo. Aun así, sabía que no tenía otra elección. Necesitaba estar sumida en la Palabra.

Por lo tanto, me comprometí a simplemente continuar. No importaban mis sentimientos desconectados y cuán poco prometedoras parecían mis circunstancias, yo vendría.

Rogaría y preguntaría, y volvería a preguntar. Recuerdo haber orado siguiendo el sentido de la oración de Jacob, en Génesis 32:26: «¡No te soltaré hasta que me bendigas!». Había personas que estaban orando por mí, y yo sabía que las mismísimas palabras de vida eran mías para que me alimentara de ellas: *¿y a dónde más podría ir?* «Tú tienes palabras de vida eterna» (Juan 6:68).

Eventualmente, un día común y corriente, a través de los medios comunes de sus palabras de gracia y de personas de oración, el Señor se encontró conmigo. A su manera sobrenatural, y a su tiempo, volvió a iluminar mi corazón con su luz, y las nubes de pesadez comenzaron a dispersarse.

Anhelar su promesa

No te comparto esta historia porque haya alguna fórmula mágica para tratar con los sufrimientos (no la hay) o porque yo sea tan dotada en comprometerme con la Palabra de Dios (no lo soy), sino porque Dios es muy bueno al comprometerse con nosotros, *y no podemos conocer la confiabilidad de su compromiso con nosotros aparte de su Palabra.* Ella es su compromiso, su promesa y su fidelidad al pacto que nunca termina (Salmo 119:76). Confiar en él es confiar en lo que ha dicho, y nuestra fe en él se fortalece a medida que nos aferramos a su Palabra. ¡Cuánto anhelamos tener algo confiable a lo cual asirnos cuando todo lo demás está cambiando, incluso nosotros mismos! El pedido del salmista fue el mío: «Mis ojos se consumen esperando tu promesa y digo: "¿Cuándo vendrás a consolarme?"» (Salmo 119:82).

Nosotros también tenemos hambre de su promesa, aun sin darnos cuenta. A pesar de nuestros muchos intentos de esconderlo, sabemos que en el centro de nuestro interior estamos necesitados. En nuestra hambre, y en este mundo pasajero y sus muchos problemas y lágrimas, Dios, en su gracia, nos da algo más seguro para que descansen sobre ellas nuestros ojos cansados de la fe: *sus palabras*. Sus palabras inmutables, verdaderas y poderosas.

Somos criaturas visuales. Fuimos hechos para ver a Dios (Génesis 3:8). La historia completa de la redención es acerca del pueblo de Dios aprendiendo a caminar con él por fe, no por vista (2 Corintios 5:7), hasta que lo veamos en la carne, con ojos físicos (Colosenses 3:4). Y aunque no lo podemos ver ahora, él nos ve, nos conoce y sostiene nuestra fe con algo que *podemos* ver: *sus palabras*.

Él es tan amable y tan bueno.

Lo que su Palabra produce en nosotros, sin embargo, *no se ve*. Esto es lo difícil, creo, para las almas necesitadas y hambrientas como nosotros que queremos algo visible a lo cual asirnos día tras día. Por eso necesitamos ánimo. La obra de Dios a través de su Palabra es sobrenatural y continua, y a veces parece lenta, pero siempre es confiable y buena. En mi temporada cubierta de nubes, Dios no estaba ausente ni estaba inactivo. Estaba obrando en más formas de las que puedo determinar con precisión. La estaba usando, «entretejiéndola» a la «tela que ilumina», como lo expresa John Piper de una manera tan hermosa[2].

Dios estaba usando su Palabra para hacer brillar su luz, de modo que yo pudiera ver de nuevo.

Acercarnos para ver

Cuando nos acercamos a la Biblia, en verdad llegamos a *ver*. ¡Necesitamos con desesperación la vista espiritual (fe)! Gran parte de lo que podemos ver físicamente alrededor nuestro es duro y doloroso, y extingue nuestra esperanza. Lo que nuestra alma cansada necesita más que nada en este mundo es ver la realidad como Dios la ve.

Esto es lo que hace la luz de la Palabra de Cristo. Ilumina. Nos muestra su gloria. Nos muestra nuestra necesidad de que su gloria sea nuestro bien supremo, más allá de lo que esté ocurriendo a nuestro alrededor o dentro de nosotros.

Amigos, cuando nos acercamos a nuestras Biblias (tanto en privado como con nuestra familia de la iglesia), se nos recuerda una realidad que es más real y poderosa que la que visiblemente nos rodea, una creación venidera que hace que la que esté fuera de nuestra ventana quede pálida en comparación, un reino que no puede ser sacudido por gobernantes, guerras, pandemias o las dudas tormentosas que habitan en nuestro corazón. A través de la verdad de la Palabra de Dios, llegamos a conocer, creer y tener hambre del Dios que nos ha creado para sí mismo. Aunque él es un Dios que no podemos ver, nos ha dado ojos de fe y un corazón lleno de esperanza inspirados por sus palabras: «Porque Dios, que dijo: "¡Que la luz resplandezca en las tinieblas!", hizo brillar su luz en nuestro corazón para que conociéramos la gloria de Dios que resplandece en el rostro de Jesucristo» (2 Corintios 4:6).

¿Cómo adquirimos conocimiento acerca de quién es Dios, en toda su gloria? *En su Hijo, su Palabra.* ¿Y cómo «vemos» el rostro de Jesucristo? *A través de su Palabra, la Biblia.*

Pero ¿cómo lo hacemos? ¿Cómo llegamos a confiar en la obra nutritiva de Dios, una obra que no siempre podemos ver, cuando el mundo que nos rodea y las emociones dentro de nosotros tienden a parecer más reales? ¿Cómo buscamos la luz de Cristo cuando la oscuridad parece envolvernos, hasta nuestro propio deseo?

Obedecemos y nos aferramos.

Nos acercamos a la Palabra de Dios

En principio, obedecemos. A veces la palabra *obediencia* nos hace acobardar. (¿Te acobardaste?). Nos hace pensar ideas legalistas, y si no tenemos cuidado, caeremos en el intento de ganarnos el amor y la aprobación de Dios por nuestras acciones. Pero la obediencia es buena, ordenada por Dios y encomendada en su Palabra: «Busquen [...] la santidad, sin la cual nadie verá al Señor» (Hebreos 12:14). «Así que, mis queridos hermanos, como han obedecido siempre [...] lleven a cabo su salvación con temor y temblor» (Filipenses 2:12). La obediencia es evidencia de una fe genuina en Jesús.

Demuestra que confiamos en él lo suficiente como para hacer lo que él dice.

Demuestra que lo amamos y que en realidad queremos conocerlo.

Demuestra que reconocemos que sin él estaríamos perdidos.

Así nos acercamos a su Palabra. Sin importar cómo nos sentimos o cómo se ven las cosas, nos acercamos. Elegimos creer que el camino de la obediencia es el camino de la vida, así como los padres instruyen a los hijos para que les vaya bien (Efesios 6:1-3). Elegimos creer que Dios obra a través de nuestra obediencia, utilizándola para nutrirnos con sus palabras y llenarnos de él.

La bendición inesperada es que la *obediencia demuestra nuestra fe y, además, produce más fe*, ayudándonos, como en el caso de Abraham, a aferrarnos con aun más fuerza a las promesas de Dios cuando lo obedecemos.

Nos aferramos a la Palabra de Dios

Abraham estaba en una situación imposible, o así parecía ser. Él y su esposa eran ancianos, muy ancianos, y sus años fértiles habían quedado atrás hacía ya mucho tiempo. Pero Dios les dijo que tendrían un hijo, del cual vendría todo el linaje familiar de Dios. Aunque la promesa de Dios parecía imposible de cumplirse, «Abraham creyó al SEÑOR y el SEÑOR se lo reconoció como justicia» (Génesis 15:6; Romanos 4:3). Abraham obedeció, dando gloria a Dios, y como resultado, «se reafirmó en su fe» (Romanos 4:20).

Nosotros también deseamos una fe más fuerte. En lo profundo del corazón, necesitamos convencernos, así como Abraham, de que las palabras de Dios no son simplemente aire caliente: vacías, sin vida y baratas. No, las palabras de Dios están llenas de propósito, alimentan, nutren y tienen enorme valor. Vale la pena confiar en ellas porque las palabras de Dios provienen de su corazón. Nos mantenemos aferrados a ellas porque Dios es la única roca confiable e inmutable sobre la que podemos permanecer en pie. Y así, seguimos acercándonos a la Palabra de Dios, y seguimos asidos a las promesas que encontramos allí. Así como lo hizo Abraham.

¿Cuáles son algunas de esas promesas? Al final de este capítulo incluí una lista de promesas relacionadas específicamente con la obra de la Palabra de Dios. Cuando nos asimos a sus promesas acerca de su Palabra, Dios recibe la gloria y alabanza, ya que, al esperar en él, proclamamos que *Él* es digno de confianza y de la espera, no las cosas de este mundo. Al mantenernos asidos, nos recordamos a nosotros mismos, a otras personas y aun al mundo espiritual que la obra invisible, continua y al parecer lenta de Dios siempre es buena. Que está ocurriendo ahora mismo más de lo que podemos ver y observar con nuestros ojos y que Dios nos está alimentando (nutriendo) aun cuando no lo podemos sentir.

Nutrir nuestra alma

Así como yo no podía ver la diferencia que cada día de comida reglamentada estaba beneficiando mi salud debilitada, muchas veces es difícil evaluar la obra de Dios en nuestra alma cansada mientras consumimos su Palabra en actitud obediente y desesperada. Pero el estilo correcto para comer me estaba cambiando. Poco a poco, el plan del médico estaba demostrando su buen propósito.

De la misma manera, un día a la vez, Dios está obrando su buen propósito dentro de nosotros.

Aun cuando no podamos verlo.

Él está obrando a través de su Palabra, saciando nuestra hambre y nutriendo nuestra alma con sus palabras de vida, la comida que más necesitamos.

Confiar en la obra nutritiva de Dios

¿Que promete Dios acerca de la obra de su Palabra? ¿Por qué cosas podemos confiar en él a medida que lo buscamos obedientemente? A continuación, comparto una lista de promesas a las que te puedes aferrar al involucrarte con las Escrituras (y existen muchas, muchas más).

La Palabra de Dios está viva

> Sin duda, la palabra de Dios es viva, eficaz y más cortante que cualquier espada de dos filos. Penetra hasta lo más profundo del alma y del espíritu, hasta la médula de los huesos, y juzga los pensamientos y las intenciones del corazón.
>
> HEBREOS 4:12

La Palabra de Dios nos da sabiduría

> Desde tu niñez conoces las Sagradas Escrituras, que pueden darte la sabiduría necesaria para la salvación mediante la fe en Cristo Jesús.
>
> 2 TIMOTEO 3:15; VER TAMBIÉN PROVERBIOS 2:6-7

La Palabra de Dios nos equipa para hacer buenas obras

> Toda la Escritura es inspirada por Dios y útil para enseñar, para reprender, para corregir y para instruir

en la justicia, a fin de que el siervo de Dios esté enteramente capacitado para toda buena obra.

2 TIMOTEO 3:16-17

La Palabra de Dios tiene propósito

Así como la lluvia y la nieve
descienden del cielo,
y no vuelven allá sin regar antes la tierra
y hacerla fecundar y germinar
para que dé semilla al que siembra
y pan al que come,
así es también la palabra que sale de mi boca:
No volverá a mí vacía,
sino que hará lo que yo deseo
y cumplirá con mis propósitos.

ISAÍAS 55:10-11

La Palabra de Dios nos hace santos

Santifícalos en la verdad; tu palabra es la verdad.

JUAN 17:17

La Palabra de Dios nos trae bendición

Dichoso es quien
no sigue el consejo de los malvados,
ni se detiene en la senda de los pecadores,
ni se sienta en la reunión de los burladores,
sino que en la Ley del SEÑOR se deleita
y día y noche medita en ella.

SALMO 1:1-2; VER TAMBIÉN PROVERBIOS 2:20

La Palabra de Dios no falla

Y ni una sola de las buenas promesas del SEÑOR a favor de Israel dejó de cumplirse, sino que cada una se cumplió al pie de la letra.

JOSUÉ 21:45

La Palabra de Dios es un lugar seguro

El camino de Dios es perfecto;
la palabra del SEÑOR es intachable.
Escudo es Dios a los que se refugian en él.

2 SAMUEL 22:31; VER TAMBIÉN SALMO 18:30

La Palabra de Dios nos trae consuelo

Este es mi consuelo en medio del dolor:
que tu promesa me da vida.

SALMO 119:50

La Palabra de Dios nos da paz

Los que aman tu Ley disfrutan de gran paz
y nada los hace tropezar.

SALMO 119:165

La Palabra de Dios nos instruye y nos guía

Bueno y justo es el SEÑOR;
por eso les muestra a los pecadores el camino.
Él dirige en la justicia a los humildes,
y les enseña su camino.

SALMO 25:8-9

La Palabra de Dios nos da entendimiento

La exposición de tus palabras nos da luz
y da entendimiento al sencillo.

SALMO 119:130

La Palabra de Dios aniquila el pecado y derrota la maldad

Si mi pueblo tan solo me escuchara,
si Israel quisiera andar por mis caminos,
¡cuán pronto sometería yo a sus enemigos,
y volvería mi mano contra sus adversarios!

SALMO 81:13-14

La Palabra de Dios nos trae confianza

Bendeciré al SEÑOR, quien me aconseja;
aun de noche mi corazón se instruye.
Siempre tengo presente al SEÑOR;
con él a mi derecha, nada me hará caer.

SALMO 16:7-8

La Palabra de Dios nos da gozo

Los preceptos del SEÑOR son rectos:
traen alegría al corazón.

SALMO 19:8

La Palabra de Dios crea y sostiene

Él sostiene todas las cosas con su palabra poderosa.

HEBREOS 1:3

La Palabra de Dios nos protege

El Señor afirma los pasos del hombre
cuando le agrada su modo de vivir;
podrá tropezar, pero no caerá,
porque el Señor lo sostiene de la mano.

SALMO 37:23-24

La Palabra de Dios trae vida

Aférrate a la instrucción, no la dejes escapar;
cuídala bien, que ella es tu vida.

PROVERBIOS 4:13

El poder de Dios, nuestra perseverancia

Linda (setenta y tantos años, esposa, madre, abuela, jubilada y líder de un grupo pequeño)

Crecí en un hogar sin iglesia. Poco después de ser salva (a los cuarenta y siete años), llegué a entender el poder de las Escrituras cuando me tocó lidiar con ataques de pánico. Me di cuenta de que si podía «redireccionar» mi mente del creciente temor que me generaban esos ataques, también podía evitarlos. Por la gracia de Dios (y utilizando una concordancia), copié versículos acerca de la preocupación, el temor y la ansiedad. Llevaba conmigo esas tarjetas en todo momento y las usaba cuando sentía que un ataque de pánico se apoderaba de mí. Con el tiempo, los ataques de pánico disminuyeron, luego se disiparon y me quedó la bendición de los versículos que había memorizado.

Allí nació el deseo de seguir memorizando las Escrituras.

Con el paso de los años, memorizar se ha hecho más difícil. Pero sé que, con persistencia y tiempo, vale la pena el esfuerzo. Al llenarse mi interior de la Palabra de Dios, más se alimenta mi deseo de aprender más cómo vivir bajo su autoridad. También he aprendido que hay cosas en el mundo que no entenderé, cuando menos en este tiempo presente. Aceptar esto me ha enseñado a contentarme en el lugar donde Dios me ha puesto y con lo que él ha elegido revelarme. Al conocerlo más plenamente a través de su Palabra, mejor preparada estoy para tomar decisiones que lo honren.

He aprendido la importancia de dedicarle un tiempo a la Palabra de forma regular, de memorizarla a un ritmo que sea sostenible para mí, de estar en grupos pequeños, estudios bíblicos, tener relación con mujeres cristianas piadosas de todas las edades y de asistir regularmente a reuniones de adoración semanales. Todas estas cosas han sido esenciales en mi caminar con el Señor.

También he aprendido que hay cosas que él diseñó para que yo haga en su proceso de santificación y cosas que solo *él* puede hacer. Confío en él para que orqueste el proceso de hacerme más como Jesús y equiparme para la buena obra que ha preparado para mí. Sé que será fiel en hacer lo mismo por ti cuando te encomiendes a él.

En el corazón de cada ser humano está
estampado un sentimiento de divinidad.

JUAN CALVINO

Institución de la religión cristiana

Al encontrarme con tus palabras,
yo las devoraba;
ellas eran mi gozo
y la alegría de mi corazón.

JEREMÍAS 15:16

Por eso están delante del trono de Dios,
y día y noche le sirven en su templo;
el que está sentado en el trono
les dará refugio con su presencia.
Ya no sufrirán hambre ni sed.

APOCALIPSIS 7:15-16

8

Acepta tu hambre de todo corazón

«¿TAMBIÉN USTEDES quieren marcharse?».

Jesús les hizo esta pregunta a sus discípulos, al menos a los que quedaban. Muchos ya se habían alejado de él porque su mensaje no siempre era fácil de escuchar. Sus palabras penetraban hasta el corazón. Así que les pidió a aquellos más cercanos a él que pensaran acerca del costo de seguirle. Todavía no sabían lo difícil que se pondrían las cosas, con cuánta firmeza iban a tener que sostenerse. Se necesitarían unos a otros. Necesitarían sus palabras.

Necesitarían que Jesús los sostuviera.

Entonces miró a sus doce discípulos y les hizo la pregunta: «¿También ustedes quieren marcharse?» (Juan 6:67).

Simón Pedro respondió: «¿Señor, ¿a quién iríamos? Tú tienes las palabras que dan vida eterna. Nosotros creemos y sabemos que tú eres el Santo de Dios» (Juan 6:68-69, NTV).

Dificultades y hambre

Al terminar este libro sobre cómo aumentar nuestro apetito por la Palabra de Dios, la pregunta que me queda en mente es: ¿Y ahora qué? ¿Cómo seguimos buscando algo que puede parecer tan inconcluso e imperfecto en esta vida: es decir, la satisfacción de nuestra hambre más profunda en Jesús y en sus palabras nutritivas, en especial cuando la vida es difícil?

Al final de un libro como este, es natural que queramos una lista clara de instrucciones, un plan infalible para el cambio. Y mientras espero que estos capítulos te hayan ayudado e incentivado hacia tener un mayor deseo por las Escrituras, ningún libro puede hacer lo que solo Dios puede hacer en el corazón humano. Solo él puede aumentar nuestro apetito por sus palabras *a través* de su Palabra. Así que nos ponemos en la postura necesaria para recibir de él, una y otra vez. Le pedimos que haga un milagro sobrenatural en nuestro interior a través de su Palabra.

Y dejamos que las muchas dificultades de nuestros días nos hagan necesitados.

Así que, ¿hacia dónde nos dirigimos desde aquí? Aprendemos a aceptar nuestra hambre de todo corazón, dejando que nos lleve a la única fuente de plenitud, a nuestro verdadero pan. Aprendemos a ver el sufrimiento, de cualquier forma o grado, como si fuera un regalo extrañamente envuelto proveniente de la mano de Dios, un recordatorio para nosotros de la realidad: tenemos hambre de él.

Esto puede parecer obvio, pero es difícil aceptarlo. ¿Por qué? No nos gusta sentirnos necesitados. No se siente natural aceptar de todo corazón algo que exponga nuestra necesidad.

La necesidad es evidencia de nuestra debilidad, vulnerabilidad e incomodidad. Es una prueba de que no podemos suplir todo para nosotros mismos, que tenemos más hambre de lo que nos damos cuenta y somos más dependientes de lo que quisiéramos admitir. La aceptación de la autonomía por parte del mundo y su rechazo de la autoridad habitan naturalmente dentro de cada uno de nosotros, pero no importa hacia dónde corramos o qué hagamos, nada detendrá la necesidad perpetua, el hambre persistente dentro de nuestra alma.

Esta allí, mordisqueando nuestro orgullo y recordándonos que todavía no estamos en casa.

Estamos en el desierto. Y tenemos hambre.

Lo hermoso de la historia de la Biblia es su realismo. Las Escrituras no proporcionan un escape de la realidad, sino que entran directamente en ella. Si sientes que cada día es una lucha, tienes razón; lo es. Si sientes que tus deseos están desordenados (aun aquellos relacionados con la Biblia) y que no puedes ordenar tu vida, tienes razón; lo están, y no puedes. Desde el jardín y a lo largo de las generaciones, la Palabra de Dios nos ha contado la historia del alma humana: nuestra hambre incondicional por el Creador, nuestra caída terrible en la inanición y nuestros innumerables intentos de arreglarnos y llenarnos con cualquier cosa que no sea el pan verdadero. En verdad estamos en el desierto.

Pero la buena noticia es esta: *la Palabra de Dios es para el desierto*, para aquellos que todavía no están en casa.

Es para ti y para mí. Para los hambrientos.

Toda dificultad —ya sea un sufrimiento obvio y agudo o la futilidad diaria y persistente que todos sentimos— nos preparan para Jesús. Cada quejido es anticipo de gloria. Cada retorcijón creado por el hambre nos señala el cielo.

Así que, mientras reflexionamos juntos a dónde dirigirnos desde aquí, veamos dos relatos del desierto en las Escrituras, dos historias que nos instruyen sobre cómo aceptar nuestra hambre de todo corazón hoy.

La murmuración y la gracia

El pueblo de Dios acababa de presenciar cómo se dividía un cuerpo de agua por orden de Moisés, creando una ruta de escape a través del mar Rojo. Cruzaron a pie con prisa y con toda seguridad, y no se perdió ni una vida... hasta que las olas se desplomaron sobre sus perseguidores.

Esta fue una intervención milagrosa. Una liberación inmerecida de la muerte.

Pero ahora tenían comida en la mente. Al entrar al desierto, toda la congregación de Israel murmuró en contra de Moisés y su hermano Aarón. «¡Cómo quisiéramos que el SEÑOR nos hubiera quitado la vida en Egipto!», se lamentaban. «Allá nos sentábamos en torno a las ollas de carne y comíamos pan hasta saciarnos. ¡Ustedes nos han traído a este desierto para matar de hambre a toda la comunidad!» (Éxodo 16:3).

¿Cómo pudieron haber actuado así?, nos preguntamos.

Nosotros también nos olvidamos. Hemos visto a Dios liberar nuestra alma de la inanición. Estábamos al borde de la muerte espiritual, oprimidos por el pecado y el egoísmo, esclavizados por deseos mundanos. Cuando nos llegan las dificultades —una crisis de salud inesperada, la muerte de un miembro de la familia, la tensión prolongada por la pérdida del trabajo, la oscuridad de la depresión, las desilusiones diarias, el derrumbe de todo—, sin embargo, nos parecemos más a los israelitas de lo que quisiéramos admitir.

Somos olvidadizos. Nos alejamos de Dios y de su Palabra.

Nos preguntamos: *¿Cumplirá lo que dijo? ¿En verdad le importo? ¿Es todo lo que dice ser? ¿Su Palabra en realidad es tan confiable?*

Al caminar por nuestro propio desierto, es fácil pensar que, quitando de en medio la dificultad, todo mejorará. «Si solo _______ desapareciera o mejorara, yo sería feliz». «Si solo _______ cambiara, yo podría volver a leer mi Biblia». Quizás nuestras circunstancias *sí* serían más fáciles —nadie prefiere el dolor y las dificultades—, pero una vida fácil no garantiza un alma satisfecha.

El desierto saca a la luz nuestra necesidad de la Palabra.

Dios a menudo utiliza nuestra hambre para revelar más de su perfecta habilidad para llenarla. A menudo, Dios nos llena de sí mismo incluso cuando no tenemos la intención de estar satisfechos con él. Nos sigue dando su Palabra aun cuando nos quejamos. A esto se le llama gracia.

En Éxodo 16, la palabra *murmurar* se usa múltiples veces. El pueblo murmura contra Moisés y Aarón, lo cual a fin de cuentas es murmurar contra el Señor. ¿Y cómo responde el Señor a sus quejas? «Han llegado a mis oídos las murmuraciones de los israelitas. Diles que antes de que caiga la noche comerán carne, y que mañana por la mañana se hartarán de pan. Así sabrán que yo soy el SEÑOR su Dios» (Éxodo 16:12).

Dios responde con gracia. Le da al pueblo lo que no merece, pasando por alto su murmuración y proveyéndoles el pan de cada día. Esto es sorprendente. En nuestra lucha diaria por tener hambre por la Palabra de Dios como deberíamos tener, en todos nuestros deseos rebeldes y en todas nuestras distracciones, *Dios todavía provee lo que más necesitamos*. Se da a sí mismo a través del maná diario de nuestras Biblias, a través de un encuentro con su Hijo facilitado graciosamente por el Espíritu Santo.

Nosotros murmuramos. Dios da.

Amigos, así es Dios para con nosotros en el desierto. Podemos preguntarnos si nuestro apetito por Dios y por sus palabras ha crecido en algo a lo largo de los años. Luchamos con el desánimo y el fracaso aún mientras perseguimos ese crecimiento; o quizás estemos sumergidos en un sufrimiento tan profundo que nos hace preguntar si las promesas de Dios son verdaderas, si, después de todo, él está de nuestra parte; y hasta puede que seamos tentados a alejarnos de él para ir tras cosas menores.

Pero él no se aleja de nosotros. Al contrario, continúa entregándose a nosotros. Él habla para que sepamos que él es el Señor nuestro Dios. Aun cuando murmuramos, aun cuando le damos la espalda, él provee.

Buenas obras y buenas noticias

Hagamos un avance rápido de 1200 años. Jesús levanta sus ojos en la montaña y ve una gran multitud acercándose a él (Juan 6). Ha sido una semana larga de ministerio para los discípulos y todavía no se les ha llamado a descansar. Había más trabajo que hacer, más personas que ayudar.

Más gracia que dar.

Entonces, Jesús se dirige a Felipe y le pregunta: «¿Dónde vamos a comprar pan para que coma esta gente?» (6:5).

Confundidos, los discípulos se miran entre sí, seguros de que ningún monto de dinero sería suficiente para alimentar a una multitud como esa. Andrés ofrece el almuerzo de un niño, cinco panes y dos peces, aunque al mismo tiempo está dejando en claro que no hay suficiente para todos.

O eso cree.

Jesús les dice a sus discípulos que indiquen a la gente que se siente en la gramilla. Entonces hace lo que solo él puede hacer. Los alimenta. Por medio de una multiplicación milagrosa, alimenta a la multitud. Y no solo apenas, sino abundantemente... tan abundante que hay sobras. Tan abundante que la multitud comienza a seguirlo, queriendo más de lo que tiene que dar.

«Nosotros también queremos realizar las obras de Dios. [...] ¿Qué debemos hacer?», le preguntaron sus seguidores. Jesús aprovecha esta oportunidad para corregir su idea de lo que es una buena obra y qué es lo que más necesita el alma: «La única obra que Dios quiere que hagan es que crean en quien él ha enviado» (Juan 6:29, NTV).

Creer. Esto también es lo que Jesús más quiere de nosotros, amigos. Quiere nuestro corazón.

Así como pensaba la multitud, muchas veces pensamos que podemos ganar la aprobación de Dios realizando las «buenas obras» necesarias de la vida cristiana, incluyendo la lectura de la Biblia. Concluimos erróneamente que tenemos que «hacer todo bien» para que Dios nos ame. ¿Y si no lo hacemos bien? Entonces no somos demasiado serios, demasiado santos ni buenos. Así que, nos esforzamos más. Nos levantamos más temprano. Estudiamos más tiempo. Todo para terminar más cansados y más desanimados que cuando comenzamos. Y ante la presión de la culpa, es fácil querer darnos por vencidos.

Al igual que las multitudes olvidadizas, preguntamos ansiosamente: «¿Qué debemos *hacer*?»

Pero este libro, amigo, no ha sido acerca de hacer todo bien en lo que respecta a tu Biblia. No ha sido acerca de trabajar duro para alcanzar algún tipo de estatus de «buen cristiano» a los ojos de Dios o de los demás a través de la manera en que te relacionas con las Escrituras. Ninguno de nosotros es lo suficientemente bueno para Dios y su gracia, y ese es el punto. Por eso corremos hacia su Palabra: para recibir de él lo que no podemos proveer para nosotros mismos. Todos nosotros tenemos hambre, estamos necesitados y desesperados, y solo Jesús puede darnos lo que más necesitamos. A *él mismo*. Todo es gracia.

Esto es lo que les dijo a las multitudes ese día y es también una buena noticia para nosotros:

> —Yo soy el pan de vida —declaró Jesús—. El que a mí viene nunca pasará hambre y el que en mí cree nunca más volverá a tener sed. [...]
>
> Todos los que el Padre me da vendrán a mí; y el que a mí viene no lo rechazo. Porque he bajado del cielo no para hacer mi voluntad, sino la del que me envió. Y esta es la voluntad del que me envió: que yo no pierda nada de lo que él me ha dado, sino que lo resucite en el día final.
>
> JUAN 6:35, 37-39

No importa cuál haya sido tu historial de lectura bíblica, si has venido a Cristo para recibir la vida eterna que solo él puede dar, estás a salvo. Él nunca te echará fuera. Si te has aferrado a Jesús por fe, admitiendo tu incapacidad y humillándote ante Él, puedes estar seguro de que nunca, nunca te soltará, no importa cuán desordenados sean tus intentos por crecer.

¿Han pasado años en los que no has abierto tu Biblia? *Ven a él.* Nunca es demasiado tarde para comenzar.

¿Tu corazón se ha mostrado frío hacia sus palabras? *Ven a él.* Él crea corazones ardientes.

¿Te han atormentado las dudas y el temor? *Ven a él.* Sus promesas son confiables.

¿Tienes hambre? *Ven a él.* Él te llenará. Él te dará vida a través de sus palabras.

Un banquete para siempre

Entonces, ¿hacia dónde nos dirigimos desde aquí?

Seguimos admitiendo lo hambrientos que estamos, lo aceptamos y permitimos que nos conduzca a Jesús y a su Palabra una y otra vez. Recordamos que ninguna «lectura bíblica correcta» nos salvará. Solo Jesús salva. Nos encontramos con él a través de las Escrituras, donde su Espíritu obra para llenar nuestra alma con una satisfacción perdurable en él (Juan 6:63).

Recordamos al Santísimo que, en el desierto, luchó contra cada tentación y dificultad, aceptando en toda su plenitud las palabras de Dios (Lucas 4:1-13), y nos regocijamos porque él reina en el cielo para ayudarnos ahora mismo. Caminamos por el desierto con él a nuestro lado, y él nos invita a tomar su Palabra, a confiar en su obra, a abrazar su corazón.

Jesús les preguntó a sus amigos y nos pregunta también a nosotros: «¿También quieren irse?».

No, Señor. ¿A dónde más podríamos ir?

Jesús tiene palabras de vida eterna para alimentar nuestra alma hambrienta hoy, y promete festejar en el banquete con nosotros en el último día... y para siempre.

Aceptar tu hambre de todo corazón

Aquí dejo cuatro consideraciones para tu vida, luego de leer este libro.

1. *Considera las situaciones en las cuales te sientas tentado a descuidar (o rechazar) la Palabra de Dios.* Piensa acerca de tu respuesta al sufrimiento, a la desilusión, a la duda, y en las quejas diarias de tu corazón. ¿Qué perderías si te alejas de las Escrituras? ¿Qué ganarías si permanecieras en la Palabra? Escucha a Jesús preguntándote cada mañana: «¿También tú te quieres ir?», e imagínalo esperándote en su Palabra.

2. *Considera tu responsabilidad de amar a tu prójimo como a ti mismo.* ¿Qué pueden ganar los demás por tu perseverancia en la Palabra, en especial cuando ellos están luchando por perseverar? ¿Cómo podrías alimentar a otros cuando no pueden alimentarse a sí mismos, así como Jesús y sus discípulos alimentaron a la multitud? Tu consumo de la Biblia no es solo para tu propia alma, sino también para el bien eternal de otros.

3. *Considera el poder del hábito al aceptar de todo corazón tu hambre por Dios.* La comida es algo que incorporamos habitualmente, y así como nutrimos con ella al cuerpo cada día, podemos, de forma habitual y consistente, nutrir el alma con la Palabra de Dios. ¿Cómo puedes hacer de las Escrituras un hábito, una parte normal y esperada de tu rutina diaria? (Ver apéndice 1: «Cómo comenzar a leer tu Biblia» para obtener algunas ideas).

4. *Considera la fiesta venidera del Cordero.* Algún día, muy pronto, Jesús volverá y transformará toda la creación (incluyéndonos a nosotros) y le dará la bienvenida a todo su pueblo al banquete de bodas en el cielo. Cada «comida» que comamos con él ahora nos prepara para esto, y lo disfrutaremos aún más si comenzamos hoy mismo. ¡No esperes, anticípate al banquete eterno y ven a la mesa!

Apéndice 1

Cómo comenzar a leer tu Biblia

QUIERO LEER *más mi Biblia, pero no sé por dónde comenzar.*

Esta es una lucha bastante común. La Biblia es un volumen grande e intimidante compuesto por sesenta y seis libros diferentes, 1189 capítulos, más de treinta y un mil versículos y una gran cantidad de géneros que incluyen narración, historia, poesía, profecía, proverbios, alegoría y escritos legales. ¡Uf! Con razón no sabemos cómo arrancar.

Pero la mejor forma de comenzar es *comenzar.*

La mejor forma de aumentar tu apetito por las Escrituras es comenzar a alimentarte con ellas. Dicho eso, a continuación, dejo una breve guía para ayudarte a comenzar la interacción con tu Biblia.

Haz un compromiso

Todos tenemos buenas intenciones, pero las intenciones son tan buenas como las acciones que tomamos para cumplirlas. Una cosa es pensar: *Me gustaría leer más mi Biblia.* Otra cosa muy distinta es tomarse el compromiso de hacerlo y luego cumplirlo. Verbaliza tu compromiso delante de Dios en oración, y pídele su ayuda para continuar aun cuando se haga difícil. (Además, podrías escribir tu compromiso en un diario o anotador, donde lo puedes ver físicamente y volver a leerlo más adelante). Luego, verbaliza tu compromiso con tu cónyuge, algún miembro de tu familia, pastor o amigo confiable; alguien que puede orar por ti y chequear cómo te está yendo, alguien a quien puedas rendirle cuentas.

Saluda al día

No hay ningún mandamiento bíblico sobre leer las Escrituras en la mañana, pero hay un principio sabio asociado al hacerlo: todavía no hemos sido conformados al mundo y tenemos una oportunidad nueva de ser transformados por la renovación de nuestra mente antes de que comience el día (Romanos 12:2). También vemos ejemplos en las Escrituras de personas que buscan el rostro de Dios temprano en la mañana:

- Isaías escribe: «Todas las mañanas me despierta, y también me despierta el oído, para que escuche como los discípulos» (Isaías 50:4).
- Moisés ora: «Sácianos de tu gran amor por la mañana, y toda nuestra vida cantaremos de alegría» (Salmo 90:14).
- El Evangelio de Marcos escribe acerca de Jesús: «Muy de madrugada, cuando todavía estaba oscuro, Jesús se levantó, salió de la casa y se fue a un lugar solitario donde se puso a orar» (Marcos 1:35).

Repito, comenzar tu día con las Escrituras no es un mandamiento. Es solo una recomendación para preparar tu mente y tu corazón para el día. Si las mañanas son difíciles para ti, si luchas por dormir en la noche o si tu trabajo te obliga a comenzar temprano, aprovecha cualquier momento que puedas encontrar, aun si es al mediodía o antes de acostarte. Lo que importa es tu búsqueda de Jesús, no los detalles prácticos.

Comienza poco a poco

Cuando se trata de la lectura bíblica, no recomiendo que comiences con un objetivo grande, complicado y ambicioso. Más bien, hazlo con una meta *realista.* En vez de decir que te despertarás una hora antes todos los días y que usarás esa hora para estudiar un pasaje, podrías proponerte poner tu despertador cinco minutos antes durante una semana y disfrutar la meditación de un único versículo. La semana siguiente, pon tu alarma cinco minutos más temprano y así sucesivamente, hasta que tu cuerpo se acostumbre y estés contento con tu nuevo horario de comienzo. Los pequeños ajustes pueden generar cambios significativos.

De la misma manera, antes de decidir que leerás toda la Biblia en un año (cosa que sería fantástica, pero que puede frustrarte si te atrasas) comienza con secciones más pequeñas de las Escrituras. Puedes abrirte paso completando un libro a la vez, algunos versículos a la vez, o puedes usar un plan; pero toma todo el tiempo que necesites para hacerlo. La mayoría de las Biblias de estudio contienen planes de lectura; también puedes encontrarlos en línea, gratis. Además, podrías preguntarle a tu pastor si tiene sugerencias en cuanto a dónde comenzar a leer. Elige un estudio bíblico que tenga una guía de trabajo o preguntas de estudio que te guíen en el texto.

Cada cosa que hagas, no importa cuán pequeño sea, suma.

Crea un hábito

Somos criaturas de hábitos, y florecemos con la rutina. Así como tenemos el hábito de comer, queremos alimentar el alma. Si es posible, elige un horario y un lugar que puedas mantener (en su mayor parte) a diario. Para que sea cálido y esté listo para ti, hasta podrías preparar el espacio antes de comenzar el horario. Intenta comprometerte con este nuevo hábito por treinta días, y observa qué sucede.

Un hábito importante que recomiendo es «La Biblia antes que la pantalla». Nuestros teléfonos y nuestras computadoras son herramientas que nos distraen y compiten por nuestra atención. Por ende, nos beneficiará dejarlos hasta después de que hayamos pasado tiempo con Dios en su Palabra.

Por supuesto, hay temporadas en las que nuestros hábitos se vuelven imposibles de mantener y necesitamos un cambio de plan. No dudes en reacomodarlo y usar tu creatividad. El hábito no es tanto el *cómo*, sino el *qué*. El punto es que prioricemos el alimento para nuestra alma de tal forma que *no* podamos dejar de disfrutar la Palabra de Dios.

No leas solo

A veces, leer la Biblia en compañía de otro es mejor. No solo nos hace responsables del compromiso que hemos tomado, sino que también trae sabiduría y una percepción que no hubiéramos adquirido leyendo solos. Quizás tú y un amigo puedan seguir el mismo plan de lectura y, de paso, estudiar y conversar sobre él a lo largo del camino. O quizás puedan encontrarse y leer las Escrituras juntos. Los grupos pequeños en la iglesia basados en la Biblia también son excelentes formas de comenzar. Hay una alegría multiplicada al meditar juntos en la preciosa Palabra de Dios.

Pídele ayuda a Dios

Como hemos visto a lo largo de este libro, leer la Biblia para encontrarnos con Jesús es una obra sobrenatural del Espíritu. Por eso, nos acercamos a la Palabra en oración pidiéndole a Dios que nos ayude a ser constantes y a verlo con más claridad mientras leemos. (Ver las oraciones al final del capítulo 2). La cuestión es que ¡necesitamos la ayuda de Dios!

Apéndice 2

Listas de lectura

¿ALGUNA VEZ TE HAS PREGUNTADO si la Biblia es confiable o cómo llegó a ser un libro único? ¿Necesitas ideas de métodos de estudio bíblico? A continuación, encontrarás una lista de libros excelentes acerca de (1) la naturaleza y confiabilidad de la Biblia, (2) cómo acercarse y conectar con la Biblia y (3) cómo estudiar la Biblia. Esta lista de ninguna manera es exhaustiva, pero te ayudará a comenzar. ¡Feliz lectura![1]

Sobre la naturaleza y confiabilidad de la Biblia

- *La doctrina del conocimiento de Dios* por John Frame (Editorial Teología para Vivir)
- *The Inspiration and Authority of the Bible* (La inspiración y la autoridad de la Biblia) por B. B. Warfield (P&R, 2020)
- *Conocer las Escrituras* por R. C. Sproul (pdf. Docer.ar)
- *Una gloria peculiar: Cómo las Escrituras revelan su completa veracidad* por John Piper (Editorial Portavoz, 2017)
- *Confía en su Palabra* por Kevin DeYoung (Editorial Portavoz)

- *Inquebrantable. Lo que el Hijo de Dios dijo sobre la Palabra de Dios* por Andrew Wilson (Editorial Andamio)
- *¿Por qué confiar en la Biblia?* por Greg Gilbert (Editorial Faro de Gracia)
- *Scribes and Scripture: The Amazing Story of How We Got the Bible* (Los escribas y las Escrituras: La sorprendente historia acerca de cómo nos llegó la Biblia) por John D. Meade y Peter J. Gurry (Crossway, 2022)

Sobre cómo acercarse y conectar con la Biblia

- *Antes de abrir tu Biblia* por Matt Smethurst (Poiema Publicaciones, 2021)
- *Mejor que el Edén* por Nancy Guthrie (Publicaciones B&H, 2022)
- *El Dios que está presente* por D. A. Carson (Poiema Publicaciones)
- *Hábitos de gracia: Disfrutando a Jesús a través de las disciplinas espirituales* por David Mathis (Proyecto Nehemías, 2017)
- *La lectura sobrenatural de la Biblia* por John Piper (Editorial Portavoz)
- *Disciplinas espirituales para la vida cristiana* por Donald S. Whitney (Tyndale House Publishers, 2016)
- *How to Read the Bible through the Jesus Lens: A Guide to Christ-Focused Reading of Scripture* (Cómo leer la Biblia a través de los lentes de Jesús: Una guía para una lectura de las Escrituras enfocada en Cristo) por Michael Williams (Zondervan, 2012). Resumen en español en Scribd: *Cómo leer la Biblia a través de los lentes de Jesús*

- *Asking the Right Questions: A Practical Guide to Understanding and Applying the Bible* (Hacer las preguntas correctas: Una guía práctica para entender y aplicar la Biblia) por Matthew S. Harmon (Crossway, 2017)
- *Bible Delight* (El deleite de la Biblia) por Christopher Ash (Christian Focus, 2021)
- *The Epic Story of the Bible: How to Read and Understand God's Word* (La historia épica de la Biblia: Cómo leer y entender la Palabra de Dios) por Greg Gilbert (Crossway, 2022)
- *Open the Bible in 30 Days* (Abre la Biblia - 30 días) por Colin Smith (Moody, 2020)
- *Time Well Spent: A Practical Guide to Developing Your Daily Devotions* (Tiempo bien empleado: Una guía práctica para desarrollar tus devocionales diarios) por Colin Webster (10Publishing, 2021)

Sobre cómo estudiar la Biblia

- *Cava más profundo: Herramientas para desenterrar los tesoros de la Biblia* por Andrew Sach y Nigel Beynon (Libros Gran Panorama)
- *Cómo obtener lo máximo de la Palabra de Dios* por John MacArthur (Editorial Portavoz, 1997)
- *Lectura eficaz de la Biblia* por Douglas Stewart y Gordon Fee (Editorial Vida, 2007)
- *Uno a Uno: Leyendo la Biblia juntos* por David Helm (Editorial Jaime Daniel Caballero, Libros Gran Panorama, 2017)

- *Mujer de la Palabra: Cómo estudiar la Biblia tanto con el corazón como con la mente* por Jen Wilkin (B&H, 2016)
- *How to Eat Your Bible: A Simple Approach to Learning and Loving the Word of God* (Cómo comer tu Biblia: Un enfoque sencillo para aprender y amar la Palabra de Dios) por Nate Pickowicz (Moody, 2021)
- *How to Study Your Bible: Discover the Life-Changing Approach to God's Word* (Cómo estudiar tu Biblia: Descubre la lectura transformadora de la Palabra de Dios) por Kay Arthur, David Arthur y Pete De Lacy (Harvest House, 1994)
- *Literarily: How Understanding Bible Genres Transforms Bible Study* (Literariamente: Cómo un entendimiento de los géneros de la Biblia transforma el estudio de la Biblia) por Kristie Anyabwile (Moody, 2022)

Agradecimientos

AL TERMINAR UN LIBRO sobre cómo aumentar nuestro apetito por la Palabra de Dios, naturalmente, tengo que agradecer a todos aquellos que me han animado a mí en ese sentido a lo largo de los años.

Crecí en un hogar construido sobre la Biblia; eso fue un regalo de gracia y sin precio, de parte de Dios para mi hermana y para mí. Gracias, mamá y papá, por creer y amar la Palabra de Dios.

A lo largo de ocho años de matrimonio, mi esposo (y mi pastor), Brad, ha profundizado mi confianza y deleite en las Escrituras a través de su compromiso, día tras día, de permanecer en Jesús, de su fidelidad para estudiar a fondo y predicar con gozo, y su convicción de vivir para la gloria de Cristo. Amo la forma en que amas la Palabra de Dios (¡y a nosotros!). Gracias por animarme en este proyecto, y por ser mi mejor editor.

Nuestra iglesia, *The Orchard*, está comprometida con la proclamación del evangelio a través de la Palabra de Cristo. A través de la predicación y la enseñanza de nuestros pastores y el personal de la iglesia, ha crecido mi asombro por Jesús y por sus palabras de autoridad que dan vida. ¡Estoy tan agradecida de que Dios me haya guiado hasta nuestra iglesia!

Agradezco a mi grupo *LIFE* por el ejemplo que han dado al buscar a Jesús juntos en su Palabra. Cuando yo estuve desanimada, con dudas, abrumada, me han alimentado de la Palabra de Dios y me han animado a continuar hacia adelante. Gracias por su compromiso con Dios, con la iglesia y conmigo, y por las muchas oraciones que han hecho mientras yo trabajaba en este libro. Los amo a todos.

También pienso en los muchos sabios y talentosos maestros de la Biblia y compañeros/as escritores (demasiados como para poder nombrarlos) cuyos libros, estudios y amistad me han beneficiado a través de los años. Estoy agradecida a Dios por su influencia y por su piadoso ejemplo de amar su Palabra.

Unas personas generosas leyeron borradores de este libro, ofreciendo comentarios, retroalimentación y nuevas perspectivas que lo han fortalecido. Un agradecimiento inmenso a mi esposo, a mi mamá, a Lydia Clevenger, Lauren Washer y Callie Mascetti por su tiempo, pensamientos y amistad.

A mis hijos Joanna y John: ¡Oro todos los días que amen a Jesús y a su Palabra sobre todas las cosas! Me encanta la forma en que nos adentramos en la Palabra juntos, y su entusiasmo y curiosidad siempre me incentivan a tener una fe parecida a la de un niño. Los amo a los dos con todo mi corazón.

A Don Gates: gracias por tu arduo trabajo para mí y, a fin de cuentas, para Cristo. Te aprecio.

A Todd, Tara y el equipo de Crossway: han hecho realidad un sueño al permitirme el privilegio de escribir *Ayuda para el alma hambrienta*. Sus libros han profundizado mi hambre por la Biblia a lo largo de los años, y me honra poder contribuir con algo. Gracias por creer en este proyecto. ¡Gracias por hacerlo más fuerte!

Sobre todo, a Jesús, mi pan verdadero, la Palabra hecha carne: no veo la hora de participar en un banquete contigo. Gracias por esperarme todos los días en tu Palabra. No hay ningún otro lugar al que pueda ir. Te amo, Señor.

Notas

INTRODUCCIÓN: HAMBRE DE ESCUCHAR A DIOS

1. Ver Joe Carter, *When We Don't Delight in Reading Scripture* [Cuando no nos deleitamos leyendo las Escrituras], *The Gospel Coalition*, 15 de mayo del 2021, https://www.thegospelcoalition.org/.
2. Hay más sobre el tema en el capítulo 2.
3. John Piper, *Reading the Bible Supernaturally* (Wheaton, IL: Crossway, 2017), 183–184. Publicado en español como *La lectura sobrenatural de la Biblia: Ver y saborear la gloria de Dios en las Escrituras.*

CAPÍTULO 1: CONOCE TU CORAZÓN HAMBRIENTO

1. Los puritanos llamaban a esto «los abandonos de Dios», momentos en los que Dios nos priva de una percepción de su presencia (aunque en realidad nunca nos deja). Ver Donald S. Whitney, *Ten Questions to Diagnose your Spiritual Health* [Diez preguntas para diagnosticar tu salud espiritual] (Colorado Springs: NavPress, 2021), 10.
2. Hay más sobre esto en el capítulo 4.
3. J. C. Ryle, *Practical Religion* (Edinburgo: Banner of Truth, 2013), 98. Publicado en español como *Cristianismo práctico.*

CAPÍTULO 2: RUEGA POR HAMBRE SANTA

1. Estoy profundamente agradecida a Dios por la excelente producción literaria y por el fiel ministerio de John Piper, los cuales han sido utilizados por Dios para profundizar mi hambre por él y por su Palabra.
2. Por esta razón se les llama muchas veces a las disciplinas espirituales como la lectura bíblica y la oración «medios de gracia».

3. Jeremy Pierre, *God with Us: A Journey Home* [Dios con nosotros: El trayecto al hogar] (Wapwallopen, PA: Shepherd Press, 2021), 190.
4. Es en general un buen principio orar las Escrituras. Sabemos que Dios nos escucha cuando pedimos según su voluntad (Juan 14:14), y la Biblia completa es su voluntad revelada para nosotros. Dos libros muy buenos que recomiendo sobre la oración bíblica son: *Praying the Bible* por Donald S. Whitney (Wheaton, IL: Crossway, 2015) y *When Prayer is a Struggle* por Kevin Halloran (Phillipsburg, NJ: P&R, 2021). Publicados en español como *Orando la Biblia* y *Cuando orar es una lucha.*

CAPÍTULO 3: NO PIERDAS DE VISTA A JESÚS

1. Dane Ortlund, *Deeper: Real Change for Real Sinners* (Wheaton, IL: Crossway, 2021), 148. Publicado en español como *Profundo: Un cambio verdadero para auténticos pecadores.*
2. El apéndice 2 tiene una lista de libros que te ayudarán a confiar, acercarte a leer y a estudiar tu Biblia.
3. Kelly M. Kapic, *Embodied Hope: A Theological Meditation on Prayer and Suffering* [Esperanza encarnada: Una meditación teológica sobre la oración y el sufrimiento] (Downers Grove, IL: IVP Academic, 2017), 12.
4. A esto se le llama *tipología*, donde figuras de la Biblia son «tipos» del Cristo que había de venir.

CAPÍTULO 4: RECUERDA EL PRIVILEGIO

1. Kevin DeYoung, *Taking God at His Word: Why the Bible is knowable, Necessary, and Enough, and What That Means for You and Me* (Wheaton, IL: Crossway, 2016), 21. Publicado en español como *Confía en su Palabra: Por qué la Biblia es necesaria y suficiente y lo que eso significa para ti y para mí.*
2. *«How was the Bible Distributed Before the Printing Press Was Invented in 1455?»* [¿Cómo fue distribuida la Biblia antes de que se inventara la imprenta en 1455?], Bíblica, accedido en julio del 2022, https://biblica.com/.
3. El mensaje de Steven Lawson: *Is the Bible just another book?* [¿Es la Biblia solo un libro más?], el cual dio en la Conferencia Nacional de Ligoniers del 2010, es una de las mejores predicaciones que he escuchado sobre la naturaleza extraordinaria de la Biblia. Por favor, escúchalo, no te desilusionará: https://www.youtube.com/.
4. Catherine Parks, *12 Faithful Women: Portraits of Steadfast Endurance* [12 mujeres fieles: Retratos de una firme perseverancia], eds. Kristen Wetherell y Melissa Kruger (The Gospel Coalition, 2020), 19–32.

CAPÍTULO 5: DATE UN BANQUETE CON TU IGLESIA

1. Sí, hay mandamientos acerca de amar al Señor con todo nuestro corazón, alma, mente y fuerzas (Marcos 12:30). Hay mandamientos de seguir los pasos del Espíritu Santo, quien nos enseña la verdad acerca del evangelio a través de las Escrituras (Gálatas 5:1-26). Y hay mandamientos de mantenernos asidos a la Palabra de vida para no ser engañados por enseñanzas falsas y para mantener firme hasta el final nuestra confianza original (Filipenses 2:16; 1 Timoteo 4:6-16; Hebreos 3:14). Dicho eso, ¿hay algún mandamiento tal como: «Te levantarás a las cinco de la mañana, con un café en mano, y pasarás tiempo con el Señor a solas por dos horas»? No. Y si somos honestos, solemos pensar en esto cuando nos sentimos mal por no leer la Palabra como lo «deberíamos» hacer. Aun así, Dios no es normativo acerca de esto en su Palabra. En cambio, nos manda tener prioridades correctas para el crecimiento de nuestra alma en él: «Más bien, busquen primeramente el reino de Dios y su justicia»; entonces todo lo demás que necesitaste será añadido (ver Mateo 6:33). Él quiere que tengamos hambre por el pan de vida, no por una fórmula idealista. Quiere que busquemos la Palabra, no una hora silenciosa perfecta (como si hubiera tal cosa).
2. Si esta es tu situación, podrías considerar utilizar el «buscador de iglesias» de Gospel Coalition [Coalición por el evangelio] para ubicar una iglesia sólida en tu zona, donde se predique la Biblia: https://www.thegospelcoalition.org/churches/.
3. Vale la pena decir que no toda canción de adoración es bíblica y enfocada primariamente en adorar a Dios. ¡Muchas de las canciones modernas de adoración tienen que ver más con nosotros que con él! Estaremos nutriéndonos si las canciones que cantamos juntos están arraigadas en las palabras de Dios, no en las nuestras.

CAPÍTULO 6: ALIMÉNTATE CON CREATIVIDAD

1. Se llama «Five Day Reading Plan» [Plan de lectura de cinco días], y ¡todavía lo uso! https://www.fivedaybiblereading.com. Disponible en español en https://www.fivedaybiblereading.com/other-languages/.
2. El Pastor Colin Smith expresa: «Alimentarse es mucho más que leer. Alimentarse implica introducir algo bueno dentro tuyo —absorberlo— para que en verdad se haga parte de ti y te dé vida». De «Feeding on Christ» [Alimentarse de Cristo], parte del curso «Vigila tu vida» en el sitio web www.abrelabiblia.org. Puedes encontrar el curso gratuito en https://abrelabiblia.org/cursos/.3. Donald S. Whitney, *Ten Questions to Diagnose Your Spiritual Health* [Diez preguntas para diagnosticar tu salud espiritual] (Colorado Springs: NavPress, 2021), 19.

4. Whitney, *Ten Questions*, 19.
5. Recuerda que esto no es una fórmula. Como vimos en el capítulo 2, somos incapaces de disfrutar acercarnos a Dios en su Palabra aparte de su ayuda sobrenatural. Además, él no actúa milagrosamente en nuestro corazón sin que vayamos a su Palabra. Dios, en su gracia, utiliza medios. Por esta razón están conectados la meditación y el deleite.
6. David Mathis, *Habits of Grace: Enjoying Jesus through the Spiritual Disciplines* (Wheaton, IL: Crossway, 2016), 62. Publicado en español como *Hábitos de gracia: Disfrutando a Jesús a través de las disciplinas espirituales.*
7. No me había encontrado con esta perspectiva hasta que apareció el excelente libro de Mathis. Él expresa: «Meditar en las palabras de Dios moldea nuestra alma. A veces brinda puntos de aplicación inmediatos y específicos; recíbelos cuando vengan. Pero tengamos cuidado de no permitir que el impulso por las acciones específicas desvíe el enfoque de nuestras devociones sobre el asombro y la búsqueda de que tu alma sea feliz en el Señor. El acercarse a las Escrituras para ver y sentir conduce a un enfoque radicalmente diferente del hecho de ir principalmente para hacer algo». Mathis, *Hábitos*, cap. 4.
8. Glenna Marshall, *Everyday Faithfulness: The Beauty of Ordinary Perseverance in a Demanding World* [Fidelidad diaria: La belleza de una perseverancia normal en un mundo exigente] (Wheaton, IL: Crossway, 2020), 58–59.

CAPÍTULO 7: CONFÍA EN LA OBRA NUTRITIVA DE DIOS

1. Esta es simplemente mi forma de etiquetar y describir lo que experimenté. Uno de los mejores libros que he leído sobre el tema es *Spiritual Depression: Its Causes and Its Cure* [Depresión espiritual: Sus causas y su cura] de Martyn Lloyd-Jones.
2. John Piper, *Reading the Bible Supernaturally: Seeing and Savoring the Glory of God in Scripture* (Wheaton, IL: Crossway, 2017), 292. Publicado en español como *La lectura sobrenatural de la Biblia: Ver y saborear la gloria de Dios en las Escrituras.*

APÉNDICE 2: LISTA DE LECTURAS

1. No he leído todos estos libros en lo personal. O han sido recomendados por personas de confianza o han sido creados por autores y editores confiables.

Índice general

Índice de referencias bíblicas